本书由北京第二外国语学院出版基金资助出版　特此鸣谢

资产定价模型
与因子投资研究

RESEARCH ON ASSET PRICING
MODEL AND FACTOR INVESTING

李 博 著

社会科学文献出版社
SOCIAL SCIENCES ACADEMIC PRESS (CHINA)

自　序

2013年教师节，还在出版社做编辑的我偶然结识了中国人民大学财政金融学院刘振亚教授。我深深地折服于刘教授的儒雅和睿智，遂在而立之年毅然辞职考博，也有幸成为刘教授从财政系调入应用金融系后培养的第一名量化投资方向的博士，本书是在我的博士学位论文基础上修改而成的。

当初之所以选择这个研究方向，首先是因为导师拥有深厚的知识积累和理论功底，特别是他对中国经济和金融市场有深刻理解；其次是因为在过去的40年里，随着计算机技术和统计分析技术的进步，量化投资得到了迅猛的发展，全球以量化策略为主的基金总管理规模已接近1万亿美元，具有无限的前景。

在这40年中，世界上涌现一批成功的量化投资基金公司。其中包括数学家西蒙斯（James Simons）所领导的文艺复兴科技公司（Renaissance Technologies Corp.），计算机教授肖尔（David Shaw）领导的肖尔公司，物理学家哈丁（David Harding）领导的元盛资本（Winton Capital），经济学家格里芬（Kenneth Griffin）领导的城堡投资（Citadel），等等。这些科学家利用数理方法和信息技术，对资产定价、投资组合、衍生品定价、市场微观结构和行为金融学进行研究，提出了划时代的投资方式——量化投资，并且收获了巨大的成功。

这些科学家在投资领域的成功经验使我相信科技与投资的结合将会

是未来的重要研究方向。因此，工科出身的我在攻读博士学位阶段一直尝试着用工程的方法来解释主流的金融市场异象，或者对资产定价模型进行改造以期能够更多地解释造成股票超额收益的原因。直到现在，我仍然没有离开刘教授组织的博士生研讨小组，与我的师弟师妹们在进行关于泛函分析方法与金融计量结合的研究。

最后，感谢北京第二外国语学院校级出版资助项目的支持，我才得以将拙作付梓。限于成稿时的学术和认知水平，书中难免存在疏漏之处，恳请广大读者批评指正。

李　博
2019 年 10 月
于北京第二外国语学院知行楼

摘　要

2012～2015年，我国资产管理规模年均复合增长率达到51%，截至2016年6月底，行业总规模已经达到60万亿元，资产管理行业的运行和发展对我国经济、社会和人民生活的影响越来越深刻。同时，我国的资产管理机构面临各种困难、课题和挑战，主要包括对各种资产进行估值和定价、对资产的风险进行分析和预判等，资产定价模型和风险因子理论在其中发挥着重要的作用。

经过半个世纪的发展，资产定价模型和风险因子理论经历了从单因子到多因子、从理性到感性、从线性到非线性的演变。最早的资本资产定价模型（Capital Asset Pricing Model，CAPM）是基于理性预期的单因子线性模型。大量的实证研究发现，单纯使用市场因子不能够完全解释资产的超额收益，并且市场因子的解释能力也在不断下降，CAPM的地位开始动摇。与此同时，CAPM也受到了来自理论研究者们的挑战，其中Ross提出的套利定价理论（Arbitrage Pricing Theory，APT）认为资产收益与一组因子线性相关，为此后的多因子资产定价模型奠定了理论基础。进入20世纪80年代后，学界对于"异象"的研究达到了一个高峰，比较知名的包括规模效应和杠杆效应等。之后，Fama-French三因子资产定价模型的提出确立了规模和价值因子的系统性因子地位。在这个过程中，学者们发现了动量效应等违反理性预期的现象，Shiller发现并验证了股价确实存在过度波动，引发了金融界对于资产定价的重新思考，行为金融学开始兴起并逐渐发展起来。1997年，Carhart将动量因子引入三因子模型，确立了动量因子的系统性因子地位。虽然Fama和French在2014年发表了新的五因子模型，但是新增加的盈利和投资因子还有待验证。

在对系统性因子研究的过程中，这些因子逐渐被归纳为静态因子和动态因子两大类。[①] 静态因子主要包括各种宏观经济变量，它们是人类经济活动和社会运行的结果，并通过市场因子对风险资产价格产生积极或者消极的影响。但是投资者本身无法决定或改变这些因子，只能被动地接受它们。动态因子主要指的是影响风险资产收益的各种基本属性，例如规模、价值、动量等，它们具有长期有效性、可交易性、可管理性和可解释性等性质，且可以通过零成本的模拟投资组合（Mimicking Portfolio）进行研究。

资产定价模型和风险因子理论在金融投资实践中的应用可以分为主动投资策略和被动投资策略两种。被动投资策略最重要的应用就是构造指数和指数基金。指数基金代表了特定投资风格的股票组合，购买这些指数基金相当于持有一篮子具有相同属性的股票，既能够获取属性对应的因子收益，又能够通过一次性投资多只有共性的股票避免投资单一股票的流动性风险和经营性风险。主动投资策略则需要通过分析因子收益的表现和波动率等数据，按照一定的规则动态调整因子头寸，以获取主动管理收益。

有关因子理论的研究也深刻地改变了资产配置的方法。传统的证券资产配置主要是在股票和债券之间按照规则调整各自的持仓比例，但是在2001年互联网泡沫破裂之后，大部分证券投资基金的收益出现"断崖式下跌"，投资者们开始从配置风险资产的种类转向配置不同的投资策略，私募股权基金、对冲基金和大宗商品等另类投资方式开始被更多

---

① 因子的划分方法有很多种，静态因子和动态因子的划分方法来源于Ang, A. *Asset Management: A Systematic Approach to Factor Investing*. Oxford University Press, 2014。

摘　要

投资者所认可。然而 2008～2009 年金融危机时期，号称对市场免疫的对冲基金出现了 20%～30% 的下跌。投资者们不得不重新思考和寻找与市场因子相关度低的投资方式，系统性因子投资逐渐成了投资的主角。此后，多元化因子投资开始兴起，资产配置方法从配置投资策略向配置投资因子转变。①

尽管资产定价模型的应用很广，除投资之外还可以用来进行基金业绩评价、业绩归因、风险分析、投资组合分析等，但是实际上因子模型的研究和实践存在诸多问题。首先，学者对于因子模型的实证研究大多采用线性回归方法。这就要求作为解释变量和被解释变量的收益率数据要服从古典假设，但不论是单只股票还是投资组合的历史收益率都包含了大量的样本误差和交易噪声，从根本上就无法满足线性回归的古典假设，因此会造成线性回归拟合结果有偏，进而影响整体回归结果的分析。其次，线性回归对于数据集的选择非常敏感，当采用不同时间跨度和频率的数据时，即使是同样的方法也可能会得到截然不同的结果，同样投资组合的风险系数可能在一个时间段内是显著的，而在另外的一个时间段内又不显著了。这种现象反映了投资者的异质性，大规模资产管理人和散户投资者的交易行为无论是在交易周期上还是信息获取处理上都存在较大差异。我国证券市场以散户投资者为主，更是充满了行为的不确定性。最后，以往研究中所谓的动态分析只是在线性回归中增加一个固定的滚动窗口再进行估计，这种研究方法不能及时地反映各种信息引起的市场内在结构变化。

本书首先对因子理论、因子投资和资产定价模型的理论发展进行梳理。其次，对系统性因子效应的形成机制进行深入剖析，并讨论目前研究中面临的主要问题。为了克服这些问题，采用小波分析和动态模型平均方法分别从多时间尺度和动态分析的角度进行研究。最后，深入分析

---

① Bender, J., P. Hammond, and W. Mok. Can Alpha Be Captured by Risk Premia?. *The Journal of Portfolio Management*, 2014, 40 (2): 18-29.

我国股票市场存在的动量和反转效应,并将因子投资理念与我国股票市场数据相结合,提出适应我国证券市场的投资策略。

关键词: 资产定价模型　因子理论　因子投资　小波分析　动态模型平均

Abstract

The compound growth rate of China's assets under management (referred to as AUM) from 2012 to 2015 is 51%, the total AUM reached 60 trillion yuan by the end of June 2016. The operation and development of asset management industry is more and more important to China's economy, society and people's life. Meanwhile, the asset management institutions are also facing various difficulties, problems and challenges, including assets pricing and valuation, the risk analysis and forecast etc., in where asset pricing model and risk factor theory play a key role.

After half a century of development, asset pricing model and risk factor theory has experienced the evolution from single factor to multiple factors, rational to behavioral, linear to nonlinear. The Capital Asset Pricing Model (CAPM) is a single factor linear model based on rational expectations. Along with a large number of empirical studies found that the simple use of the market factor cannot fully explain the excess return of assets, and the explanation ability of market factor is declining, the correctness of CAPM has been doubted. At the same time, CAPM has also been doubted by theorists. The Arbitrage Pricing Theory (APT), which was published by S. Ross, considers that the return of assets is linearly related to a set of factors, and lays a theoretical foundation for the multi-factor asset pricing model. In 1980s, the study of "anomaly" reached a peak, including the size effect and leverage effect etc. After that, the Fama-French three-factor model considered the size and value factors as systematic factors. During this period, scholars also found phenomenon which in violation of the rational expectations, such as momentum effect etc. R. Shiller verified the existence of excessive fluctuation in stock price, which leads to the emerging and development of behavioral finance. The momentum factor was introduced to the Fama and French three-factor model by M. Carhart, and recognized as a systematic factor. Although E. Fama and K. French released a new five factor model in 2014, new factors named as RWM and CMA are still remains to be verified.

During the process of studying, systemic factors are gradually classified into two categories: Static factors and dynamic factors[①]. The static factors mainly refer to the various macroeconomic variables, which are coming from economic activities and social operation of human beings, and they can produce positive or negative impacts on the price of risky assets by the market factor. Investors cannot decide or change static factors, only accept them passively. The dynamic factors mainly refer to the various basic properties of assets, such as size, value, momentum, they can explain the excess returns of risky assets, all of them are long-term effective, tradable, manageable and interpretable, and can be studied by mimicking portfolio.

The practice of asset pricing model and risk factor theory can be divided into two types: Active management and passive investing strategy. The most important applications of passive investing strategy are construct indices and index funds. Certain index fund represents a certain style of investment portfolios, the purchase of the index fund is equivalent to investing a package of

---

① This Classification Method Was Introduced by Ang A. *Asset Management: A Systematic Approach to Factor Investing*. Oxford University Press, 2014.

same style stocks. By doing this, investors can obtain the corresponding incomes from certain factors, and avoid the liquidity risk and operating risk by invest in a single stock. In order to obtain active management profits, active managers need to analyze the performance of the factors and volatility of stocks etc. , adjust the positions by certain rules.

The researches on the factor theory has profoundly changed the methods of assets allocation. Traditional assets allocation only adjusts positions between stocks and bonds, but after the Internet bubble burst in 2001, equities of most funds fell dramatically, investors began to purchase funds of different strategies instead of the allocation on the types of risk assets. Alternative investment strategies like private equity fund, hedge fund and commodities were recognized by more and more investors. But in financial crisis period of 2008 – 2009, the average loss of hedge funds, which claimed to be immune to the volatility of market, was 20% – 30%. Investors have to rethink and look for the strategies that are low correlation with the market factor, and investing in different risk premia has gradually become the protagonist of assets management. Since then, the diversification of factor investing became popular, asset allocation method changes from the investment strategies to factor investing. [1]

Although the applications of asset pricing model are very wide, in addition to the investment can also be used to fund performance evaluation, performance attribution, risk analysis, portfolio analysis and so on, but there are still many problems in the research and practice of factor model. First of all, most of the empirical researches on factor models using linear regression. This requires all the return data to obey the normal distribution, but whether it is a

---

[1] Bender, J. , P. Hammond, and W. Mok. Can Alpha Be Captured by Risk Premia?. *The Journal of Portfolio Management*, 2014, 40 (2): 18 – 29.

single stock or portfolio historical return contains a lot of sample error and trading noise, fundamentally unable to satisfy the classical assumptions of linear regression, so the linear regression results may be biased, thereby affecting the overall results. Secondly, the linear regression is very sensitive to the selection of data sets. Using different time scales data, even if the same method may get different results, the risk factor coefficients of same portfolio may be significant in one period, and not significant in another period. This phenomenon reflects the heterogeneity of investors, and there is a big difference between the behavior of large asset managers and retail investors, whether in the trading frequency or information processing. China's stock market is dominated by retail investors, so it is full of uncertainties and has obvious heterogeneity. Finally, so-called dynamic analysis of linear regression in previous researches only adds a fixed rolling window to estimate the coefficients, cannot reflect the internal structure changes of market caused by emergency information.

First of all, this paper reviews the theoretical development of factor theory, factor investing and asset pricing models. Secondly, this paper analyzes the formation mechanism of systematic factors, and discusses several problems in present research. Then, in order to overcome these problems, this paper employs wavelet analysis and dynamic model averaging method to study the multi-factor assets pricing models. At last, the paper analyzes the momentum and contrarian effect, and factor investing strategies in China's stock market, then puts forward the investment strategies which would performance well in China's stock market.

Key Words: Asset Pricing Model; Factor Theory; Factor Investing; Wavelet Analysis; Dynamic Model Averaging

目 录

第 1 章　导言 ·· 1
　1.1　研究背景、目的和意义 ·································· 1
　1.2　文献综述 ·· 5
　1.3　研究思路 ·· 16
　1.4　本书的创新点 ·· 19
　1.5　结构安排 ·· 21

第 2 章　理论基础与研究中存在的缺陷 ················ 23
　2.1　风险因子与因子投资 ···································· 23
　2.2　因子模型 ·· 37
　2.3　研究中存在的缺陷 ······································· 47

第 3 章　资产定价模型的小波分析 ······················ 49
　3.1　金融多时间尺度分析 ···································· 50
　3.2　小波变换与多分辨分析 ································ 52
　3.3　资产定价模型的小波分析 ····························· 58
　3.4　本章小结 ·· 82

第 4 章　资产定价模型的动态分析 ······················ 84
　4.1　动态模型平均方法 ······································· 85
　4.2　实证过程和结果 ·· 92

4.3　动态模型平均的实践 ································· 108
　4.4　本章小结 ·· 109

第 5 章　我国股票市场的动量和反转效应 ················· 112
　5.1　研究方法 ·· 113
　5.2　实证结果 ·· 117
　5.3　投资策略 ·· 126
　5.4　本章小结 ·· 129

第 6 章　我国股票市场的因子投资策略 ····················· 131
　6.1　中证 800 指数简介 ································· 133
　6.2　规模因子投资 ·· 134
　6.3　价值因子投资 ·· 140
　6.4　反转因子投资 ·· 146
　6.5　多元化因子投资 ····································· 152
　6.6　本章小结 ·· 155

第 7 章　结论与展望 ·· 156
　7.1　主要结论 ·· 156
　7.2　存在的不足 ··· 158
　7.3　启示与展望 ··· 158

参考文献 ·· 161

致　谢 ·· 172

图目录

图 2.1　美国股票市场因子月度收益率直方图 …………………… 29
图 2.2　美国股票市场因子净值曲线 ……………………………… 30
图 2.3　美国股票规模因子（a）和价值因子（b）月度
　　　　收益率直方图 ……………………………………………… 31
图 2.4　美国股票市场因子、规模因子和价值因子的净值曲线 …… 33
图 2.5　美国股票市场因子、盈利因子和投资因子的净值曲线 …… 35
图 2.6　美国股票市场五种因子和多元化因子投资的净值曲线 …… 37
图 3.1　市场因子 MODWT 分解的各细节系数和趋势系数 ……… 63
图 4.1　市盈率按市值加权 Hi30 分组各因子后验概率变化 ……… 98
图 4.2　市盈率按平均加权 Hi30 分组各因子后验概率变化 ……… 99
图 4.3　市盈率按市值加权 Hi30 分组各因子系数变化 …………… 99
图 4.4　市盈率按平均加权 Hi30 分组各因子系数变化 …………… 100
图 4.5　价值按市值加权 Hi30 分组各因子后验概率变化 ………… 100
图 4.6　价值按平均加权 Hi30 分组各因子后验概率变化 ………… 101
图 4.7　价值按平均加权 Hi10 分组各因子后验概率变化 ………… 102
图 4.8　价值按平均加权 Dec2 分组各因子后验概率变化 ………… 102
图 4.9　价值按平均加权 Dec3 分组各因子后验概率变化 ………… 103
图 4.10　价值按市值加权 Hi30 分组各因子系数变化 …………… 106
图 4.11　价值按平均加权 Hi30 分组各因子系数变化 …………… 107
图 4.12　投资按平均加权 Hi30 分组各因子后验概率变化 ……… 107

图 4.13　投资按平均加权 Hi30 分组各因子系数变化 …………… 108
图 5.1　动量效应投资组合净值曲线 ……………………………… 127
图 5.2　反转效应投资组合净值曲线 ……………………………… 129
图 6.1　投资方式的演变 …………………………………………… 132
图 6.2　按规模五等分平均加权分组和规模因子投资组合的
　　　　周收益净值曲线 ………………………………………… 135
图 6.3　按规模五等分市值加权分组和规模因子投资组合的
　　　　周收益净值曲线 ………………………………………… 135
图 6.4　按规模二等分平均加权分组和规模因子投资组合的
　　　　周收益净值曲线 ………………………………………… 138
图 6.5　按规模二等分市值加权分组和规模因子投资组合的
　　　　周收益净值曲线 ………………………………………… 138
图 6.6　四种规模因子投资组合的周收益净值曲线 …………… 140
图 6.7　按价值五等分平均加权分组和价值因子投资组合的
　　　　周收益净值曲线 ………………………………………… 141
图 6.8　按价值五等分市值加权分组和价值因子投资组合的
　　　　周收益净值曲线 ………………………………………… 142
图 6.9　按价值二等分平均加权分组和价值因子投资组合的
　　　　周收益净值曲线 ………………………………………… 144
图 6.10　按价值二等分市值加权分组和价值因子投资组合的
　　　　　周收益净值曲线 ………………………………………… 145
图 6.11　四种价值因子投资组合的周收益净值曲线 …………… 146
图 6.12　按动量五等分平均加权分组和反转因子投资组合的
　　　　　周收益净值曲线 ………………………………………… 148
图 6.13　按动量五等分市值加权分组和反转因子投资组合的
　　　　　周收益净值曲线 ………………………………………… 148

图 6.14　按动量二等分平均加权分组和反转因子投资组合的
　　　　　周收益净值曲线 ………………………………………… 150
图 6.15　按动量二等分市值加权分组和反转因子投资组合的
　　　　　周收益净值曲线 ………………………………………… 151
图 6.16　四种反转因子投资组合的周收益净值曲线 …………… 152
图 6.17　多元化因子投资组合与中证 800 指数的
　　　　　周收益净值曲线 ………………………………………… 154

表目录

表 2.1　美国股票市场五种因子和多元化因子投资的
业绩指标 …………………………………………………… 37

表 3.1　五种因子数据的描述性统计和因子之间的相关系数 ……… 60

表 3.2　规模 – 价值 2×3 分组超额收益数据的描述性统计及
相关系数 …………………………………………………… 60

表 3.3　规模 – 投资 2×3 分组超额收益数据的描述性统计及
相关系数 …………………………………………………… 61

表 3.4　规模 – 盈利 2×3 分组超额收益数据的描述性统计及
相关系数 …………………………………………………… 61

表 3.5（a）　规模 – 价值 2×3 分组数据在各时间尺度上的
CAPM 模型回归结果 …………………………………… 63

表 3.5（b）　规模 – 投资 2×3 分组数据在各时间尺度上的
CAPM 模型回归结果 …………………………………… 64

表 3.5（c）　规模 – 盈利 2×3 分组数据在各时间尺度上的
CAPM 模型回归结果 …………………………………… 66

表 3.6（a）　规模 – 价值 2×3 分组数据在各时间尺度上的
FF3 模型回归结果 ……………………………………… 67

表 3.6（b）　规模 – 投资 2×3 分组数据在各时间尺度上的
FF3 模型回归结果 ……………………………………… 68

表目录

表 3.6（c） 规模－盈利 2×3 分组数据在各时间尺度上的
FF3 模型回归结果 70

表 3.7（a） 规模－价值 2×3 分组数据在各时间尺度上的
FF5 模型回归结果 71

表 3.7（b） 规模－投资 2×3 分组数据在各时间尺度上的
FF5 模型回归结果 73

表 3.7（c） 规模－盈利 2×3 分组数据在各时间尺度上的
FF5 模型回归结果 75

表 3.8 CAPM 模型在各时间尺度上市场因子系数和平均
超额收益对比 80

表 3.9 FF3 模型在各时间尺度上市场因子系数和平均
超额收益对比 80

表 3.10 FF5 模型在各时间尺度上市场因子系数和平均超额
收益对比 81

表 3.11 三种模型市场因子系数与平均超额收益的
相对高低对比 81

表 4.1 各分组收益数据的期望值 93

表 4.2 各分组收益数据的方差 94

表 4.3 各分组收益数据的 JB 统计量 94

表 4.4 FF5 模型预测均方误差（MSE_{FF5}） 96

表 4.5 DMA 方法预测均方误差（MSE_{DMA}） 97

表 4.6 各分组中平均最优预测变量个数 104

表 4.7 各分组中最大最优预测变量个数 105

表 5.1 不同分组方式和冷静期时两种效应显著的组合个数 118

表 5.2 不同分组方式和冷静期时在所有持有期效应显著的
形成期参数 118

表 5.3 二等分无冷静期时各组收益率和显著程度 120

7

表 5.4	二等分冷静期 1 周时各组收益率和显著程度 ……………	121
表 5.5	二等分冷静期 2 周时各组收益率和显著程度 ……………	122
表 5.6	二等分冷静期 3 周时各组收益率和显著程度 ……………	123
表 5.7	二等分冷静期 4 周时各组收益率和显著程度 ……………	124
表 5.8	二等分回望期 1 周组合在不同冷静期时前 4 周 累积收益率 …………………………………………………	125
表 5.9	二等分回望期 2 周组合在不同冷静期时前 4 周 累积收益率 …………………………………………………	126
表 5.10	动量效应投资组合业绩表现 ……………………………	126
表 5.11	反转效应投资组合业绩表现 ……………………………	128
表 6.1	规模五等分组和规模因子投资组合收益率序列 评价指标对比 ……………………………………………	136
表 6.2	规模五等分组和规模因子投资组合与中证 800 指数 收益率回归结果 …………………………………………	136
表 6.3	规模二等分组和规模因子投资组合收益率序列 评价指标对比 ……………………………………………	139
表 6.4	规模二等分组和规模因子投资组合与中证 800 指数 收益率回归结果 …………………………………………	139
表 6.5	价值五等分组和价值因子投资组合收益率序列 评价指标对比 ……………………………………………	142
表 6.6	价值五等分组和价值因子投资组合与中证 800 指数 收益率回归结果 …………………………………………	143
表 6.7	价值二等分组和价值因子投资组合收益率序列 评价指标对比 ……………………………………………	145
表 6.8	价值二等分组和价值因子投资组合与中证 800 指数 收益率回归结果 …………………………………………	146

表目录

表6.9 动量五等分组和反转因子投资组合收益率序列
评价指标对比 ………………………………………… 149

表6.10 动量五等分组和反转因子投资组合与中证800指数
收益率回归结果 ……………………………………… 149

表6.11 动量二等分组和反转因子投资组合收益率
序列评价指标对比 …………………………………… 151

表6.12 动量二等分组和反转因子投资组合与中证800指数
收益率回归结果 ……………………………………… 151

表6.13 不同分组方式和加权方式下因子相关系数 ………… 153

表6.14 多元化因子投资组合业绩表现 ……………………… 154

表6.15 多元化因子投资组合收益率与基准指数
收益率回归结果 ……………………………………… 154

第1章
导言

1.1 研究背景、目的和意义

随着中国经济快速发展，社会财富大量积累，投融资需求日益旺盛，资产管理行业发展迅速，各类资管产品逐渐丰富，参与主体和投资者众多，管理规模大幅增长。据统计，截至2016年6月底各大类资管产品的规模为银行理财26.3万亿元，信托计划15.3万亿元，公募基金8.4万亿元，基金专户16.5万亿元，券商资管计划14.8万亿元，私募基金5.6万亿元，保险资管2.0万亿元，简单相加后的规模总计88.9万亿元。由于在实际运作中，部分资管产品互相借用"通道"，产品互相嵌套、交叉持有等，剔除这些重复计算因素，我国资管业务规模约为60万亿元，大体接近2015年的GDP。[①]

从中国证券监督管理委员会副主席李超最近的一次讲话中可以看出，目前我国资产管理行业的规模日益增大，整个行业的运行和发展对我国经济、社会和人民生活的影响也更加深刻。目前，我国的资产管理机构需要面临各种困难、课题和挑战，特别是对于从事二级市场证券交易的资产管理机构来说，其中非常重要的一项任务就是对各种资产进行

---

① 引自2016年11月17日中国证监会副主席李超在"《财经》年会2017：预测与战略"开幕式上的讲话。

估值和定价，并对资产的风险进行分析和预判，这也是金融研究领域的一项重要课题。

估值（Evaluation）是金融领域内一个永恒的话题，它是决定一项资产现值（Present Value，PV）的过程，无论是金融资产如股票、期权、期货合约、公司股权等，还是无形资产如商标、知识产权、专利等，以及债务如国债、地方债、企业债等，都可以通过一定的方法进行估值。所有投资者都希望能够估计出自己已持有的或想投资的某种资产的真实价值，买进被低估或者有发展潜力的风险资产，进而通过持有或者交易获取超额收益。因此，有效的估值方法对于企业并购、投资分析、资本预算、风险控制等具有重要的意义。资产定价模型（Asset Pricing Model）就是一种重要的估值方法，在国内外很多期刊和教科书中，它和投资组合理论（Portfolio Theory）、市场有效性假说（Efficient Market Hypothesis，EMH）并称为现代金融学的三大基础，也是金融理论的核心内容和学术界的研究热点。

资产定价模型从最早的分红折现模型（Dividend Discount Model，DDM）到资本资产定价模型，再到套利定价理论和多因子模型（Multiple Factor Model），反映了人们从最初只关注资产的未来收益，到关注市场风险因子对于资产风险的影响；从仅仅关注市场风险因子，到关注各种静态的宏观因子和动态的横截面因子。这些模型和理论的演变与发展不仅反映了人们对于资产收益与风险的认识不断深入，也对现实中宏观经济的决策、资本市场的运行，以及投资者的投资策略产生了深刻的影响。

风险因子理论和模型的研究与发展实质上是资产风险的归因研究。宏观的经济变量，例如经济增长率、通货膨胀率、市场波动率等，虽然作为静态的风险因子能够长期影响资产收益，但是这些因子无法通过交易来实现，很难找到它们与资产收益之间的数量化关系。而CAPM中的市场风险因子可以通过低成本的交易型开放式指数基金（Exchange

Trade Fund，ETF）或者高杠杆的股指期货（Index Future）来实现，这就使CAPM的实用性变得很强。在APT出现以后，实证经济学家们根据金融交易数据中存在的各种异象，逐渐在模型中又加入了规模因子、价值因子、动量因子等可交易的动态因子，形成了各种多因子资产定价模型。根据Fama和French的研究结果，CAPM利用市场因子能够解释投资组合70%左右的超额收益，而FF5模型可以解释90%以上投资组合在横截面上的超额收益。[①] 如何利用这些动态因子进行投资也在2008年金融危机之后受到广泛关注。

多因子资产定价模型对证券和资产管理行业的从业者具有重大的实践意义。MSCI是全球闻名的指数编制公司，全球约有十万亿美元规模的资产以它们编制的全球证券投资指数为市场基准，同时，它们基于APT设计了用于多因子选股和结构化风险因子分析的Barra证券风险分析模型，该模型也被大多数金融机构广泛采用。对于机构投资者，尤其是基金中的基金（Fund of Funds，FOF）或者需要委托投资顾问进行投资的资产管理人来说，通过多因子模型他们可以分析投资顾问的投资偏好、择时能力、投资风格等指标，进而判断投资顾问的投资水平；对于自营投资者，无论是基金管理人还是个人投资者来说，通过多因子模型他们可以了解自身头寸的风险程度和预期收益，便于进一步调整头寸，更好地面对市场风险、实现收益目标。

我国证券市场发展较晚，监管机构和市场参与者仍然处于探索前进的阶段。无论是金融研究人员还是金融机构从业者对于资产定价模型的认识仍然处于初级阶段，甚至经常出现误用投资经理或错用资产模型的情况，例如国内某知名私募的投资经理就曾尝试利用沪深300股指期货合约对冲市场投资组合ETF去获取阿尔法收益。另外，2014年底我国股市第二次牛市启动伊始，很多号称采用阿尔法策略的私募清盘，主要

---

① Fama, E., K. French. A Five-Factor Asset Pricing Model. *Journal of Financial Economics*, 2014, 116: 1–22.

原因一方面是盲目忽略规模因子风险，依赖以往经验做多小盘股做空股指，结果当时大盘权重股涨幅显著大于小盘股，仅规模因子带来的损失就超过 12%；另一方面是误用衍生工具，还是上面的例子，这些私募为了博取高额回报，持有的小盘股大多来自创业板和中小板，而当时它们用来对冲市场风险的工具却是包含更多大盘权重股的沪深 300 股指期货，这种错误的对冲方法并不能消除市场因子的影响，反而造成了很大损失。最终，这些私募基金在上证综指月度涨幅超过 20% 的情况下，短短一个月之内损失超过清盘标准，被投资者全部赎回。类似的情况在国内私募行业屡见不鲜，令人扼腕叹息。因此，深入研究各种不同的风险因子和多因子资产定价模型具有重大的实践意义。

虽然多因子资产定价模型和理论的研究在不断深入，但是在风险因子和多因子模型的实证研究中仍然存在诸多障碍，有的是市场本身的特性，有的是方法论自身的缺陷，在目前的技术层面还无法取得巨大的突破：首先，目前流行的对于因子模型的实证研究大多采用普通最小二乘的线性回归方法，但无论是单只股票还是投资组合的历史收益率都包含大量的样本误差和交易噪音，无法满足线性回归的多项古典假设，所以会造成回归结果是有偏的，无法准确地反映因子和资产收益之间的真正关系，进而影响整体回归结果的分析；其次，线性回归方法对于数据集的选择非常敏感，当采用不同时间跨度和频率的数据时，即使是同样的方法也可能会得到截然不同的结果，同样投资组合的风险因子系数可能在一个时间段内是显著的，而在另外的一个时间段内又不显著了，也可能在采用月度数据时显著，而采用季度数据时就不显著了；再次，以往研究中所谓的动态分析只是在线性回归中增加一个固定的滚动窗口再进行估计，这种研究方法得到的结果只能反映出数据采样结果的不同，不能及时地反映市场各种突发信息引起的内在结构变化；最后，很多文献显示无论是利用 CAPM 还是 Fama-French 因子模型，因子系数都是随时间变化的，这种变化在某些时候能够收敛到一个均值上，而且这些因子系数的显著性也会变化，这也反映了在市场不断受到不确定性影响时，风险因子的有效性以及对投资组合收益的影响是动态变化的。因此，如何改进因子模型的研究方法对提高多因子模型的分析和预测能力也具有重要的理论意义。

1.2 文献综述

1.2.1 理性预期下的资产定价理论

20 世纪 60 年代之前，人们对于资产风险的研究还仅限于资产本身包含的各种基本信息所带来的收益波动。CAPM 的提出是资产定价理论的一次伟大革命，它揭示了资产风险与市场风险之间的联系。作为因子模型的最简单形式，CAPM 的成立依赖很多强有力的假设——CAPM 基于市场的竞争性均衡状态和无套利机会等条件，假设投资者为理性的风险厌恶型投资者，隐含了 Fama EMH 理论成立的先决条件[①]，而学界对于市场是否有效长期以来都存在争论，并形成了一波对于 CAPM 进行实证检验的浪潮。

CAPM 一般的形式有两种，即 Sharpe-Lintner CAPM 和 Black CAPM，虽然两者的假设和形式存在差异，但它们都指出资产的期望收益与其市场因子系数线性相关。最初的 CAPM 检验一般是采用双程回归法，即首先进行时间序列回归估计市场因子系数 β 的估计值，然后以此作为解释变量进行横截面回归检验。但是这种方法存在显而易见的缺陷：单个证券的市场因子系数始终是动态变化的，采用不同的数据会得到不同的市场因子系数，用存在误差的市场因子系数进行横截面检验时，可能会减弱平均收益和风险的关系。此后，Fama 和 MacBeth、Gibbons 等的研究

---

① Fama, E. Efficient Capital Markets: A Review of Theory and Empirical Work. *Journal of Finance*, 1970, 25: 383 – 417.

都拒绝了 Sharpe-Lintner CAPM，而无法拒绝 Black CAPM，说明 Black CAPM 中关于市场因子系数可以充分解释期望收益的含义基本成立。[①] 很多学者也利用其他不同角度的实证研究否定了 CAPM。例如，Levhari 和 Levy 指出采用短周期数据会造成 CAPM 估计出的市场因子系数有偏[②]；Handa 等指出如果考虑不同的收益统计周期，对于同一只股票可能会有不同的市场因子系数估计值[③]；Handa 等指出采用月度收益数据能够拒绝 CAPM，但采用年度数据则不能[④]。

对于实证领域中出现的这些对 CAPM 统计和计量方法的质疑，支持 CAPM 的计量经济学家们表示认同，并不断进行修正和完善。Miller 和 Scholes 认为在检验 CAPM 的有效性时，使用单个资产进行研究会出现一些统计问题，而使用投资组合进行检验则可以避免这些问题[⑤]；Jensen 等以纽约证券交易所全部股票的交易数据为样本构造投资组合，发现 CAPM 拟合的截距项数值显著大于无风险利率，股票收益和市场因子系数之间也存在线性关系[⑥]；Kothari 等认为市场因子系数估计标准差较大，由此说明它的估计值存在较宽的置信区间，从统计意义上来说，其数值的正负不能代表真实数值的正负[⑦]；Gencay 等首先利用小波分析的方法对美国、德国和英国的股票市场进行多时间尺度的 CAPM 系统风险

[①] Fama, E., J. MacBeth. Risk, Return, and Equilibrium: Empirical Tests. *Journal of Political Economy*, 1973, 81: 607 – 636; Gibbons, M., S. Ross, and J. Shanken. A Test of the Officiency of a Given Portfolio. *Econometrica*, 1989, 57 (5): 1121 – 1152.

[②] Levhari, D., H. Levy. The Capital Asset Pricing Model and the Investment Horizon. *Review of Economics and Statistics*, 1977: 59.

[③] Handa, P., S. Kothari, and C. Wasley. The Relation between the Return Interval and Betas: Implications for the Size Effect. *Journal of Financial Economics*, 1989, 23: 79 – 100.

[④] Handa, P., S. Kothari, and C. Wasley. Sensitivity of Multivariate Tests of the Capital Asset Pricing to the Return Interval Measurement. *Journal of Finance*, 1993, 48: 15 – 43.

[⑤] Miller, M., M. Scholes. Rates of Return in Relation to Risk: A Re-examination of Some Recent Findings, in M. Jensen, ed., *Studies in Theory of Capital Markets*. Praeger, New York, 1972.

[⑥] Jensen, M., F. Black, M. Scholes. The Capital Asset Pricing Model: Some Empirical Tests. *Social Science Electronic Publishing*, 1972, 94 (8): 4229 – 4232.

[⑦] Kothari, S., J. Shanken, R. Sloan. Another Look at the Cross-section of Expected Stock Returns. *The Journal of Finance*, 1995, 50 (1): 185 – 224.

研究，验证了投资组合收益与市场风险之间的关系随着时间尺度增加而增强[1]；Ang 和 Chen 指出市场风险系数是动态变化的，采用不同时间区间或者时间周期的数据可能会产生不同的结果。[2]

国内的很多学者也对 CAPM 在我国证券市场的适用性进行了研究，大多结论是 CAPM 不适用于中国股市，虽然这些文献采用的方法值得商榷，但是确实反映了国内学界对 CAPM 的认识程度，如陈浪南和屈文洲、陈小悦和孙爱军、贾权和陈章武、林清泉和荣琪的研究。[3]

Ross 用套利理论定价市场均衡状态，回避了很多 CAPM 的假设并提出了 APT。[4] APT 是资产定价理论中的第一个多因子模型，反映了在均衡状态下投资者必须面对多种风险来源，同时能获得多种风险溢价。APT 只是一个理论研究的框架，它并没有指出哪些风险来源是切实有效的，但是它的基本理念受到了大多数学者的认可。与此同时，大量实证研究表明，单独的市场风险因子系数不能完全解释证券收益的横截面差异，其中不能被解释的那一部分收益率即"异象"（Anomaly）[5]。

此后对于市场之外的风险因子和异象的研究成了学界的一个焦点：Basu 提出了盈利效应，即高盈利市值比（或低市盈率）的股票比低盈利市值比（或高市盈率）的股票风险溢价高[6]；Banz 提出了规模效应，

---

[1] Gencay, R., F. Selcuk, and B. Whitcher. Systematic Risk and Time Scales. *Quantitative Finance*, 2003, 3: 108 – 160.

[2] Ang, A., J. Chen. CAPM over the Long Run: 1926 – 2001. *Journal of Empirical Finance*, 2007, 14 (1): 1 – 40.

[3] 陈浪南、屈文洲：《资本资产定价模型的实证研究》，《经济研究》2000 年第 4 期；陈小悦、孙爱军：《CAPM 在中国股市的有效性检验》，《北京大学学报》（哲学社会科学版）2000 年第 4 期；贾权、陈章武：《中国股市有效性的实证分析》，《金融研究》2003 年第 7 期；林清泉、荣琪：《时变贝塔资本资产定价模型实证研究》，《经济理论与经济管理》2008 年第 12 期。

[4] Ross, S. The Arbitrage Theory of Capital Asset Pricing. *Journal of Economic Theory*, 1976, 13: 341 – 360.

[5] 这也是 Fama 和 French 对"异象"的定义，Fama, E., K. French. Size, Value, and Momentum in International Stock Returns. *Journal of Financial Economics*, 2012, 105: 457 – 472。

[6] Basu, S. The Investment Performance of Common Stocks in Relation to Their Price to Earnings Ratios: A Test of the Efficient Market Hypothesis. *Journal of Finance*, 1977, 32: 663 – 682.

即小市值公司股票比大市值公司股票的平均收益高[1]；Reinganum 也发现了与 Banz 类似的结果，在进行贝塔值调整后，小市值股票倾向于比大市值股票收益高[2]；Stattman 提出了价值效应，即高账面市值比的股票比低账面市值比的股票具有显著的高收益[3]；Debondt 和 Thaler 发现了长期收益的反转效应[4]；Bhandari 发现了杠杆效应，高分红市值比的股票收益更高[5]；Jegadeesh 和 Titman 发现了短期收益的惯性效应（动量效应）[6]。

在静态因子研究方面，宏观经济学中的很多理论在探究资产价格和宏观经济变量之间的关系。Kydland 和 Prescott 的实际商业周期理论（Real Businesses Cycle Theory，RBCT）强调的是由实际宏观经济变化冲击导致的商业周期现象，尤其是生产率的冲击，它认为通货膨胀是中性的，主要针对的是生产经济领域的企业，囊括了最优化企业的物质产品生产、最优化居民的消费和储蓄决策等，但是没有考虑资产价格。[7] Jermann 在实际商业周期模型中加入了资产价格的因素。[8] Smets 和 Wouters 提出了七种冲击，即生产率、投资水平、偏好、劳动供给、通货膨胀率、政府开支和货币政策，这些都是研究资产价格的静态因子。

---

[1] Banz, R. The Relationship between Return and Market Value of Common Stocks. *Journal of Financial Economics*, 1981, 9: 3–18.

[2] Reinganum, J. Market Structure and the Diffusion of New Technology. *Bell Journal of Economics*, 1981, 12 (2): 618–624.

[3] Stattman, D. Book Values and Expected Stock Returns. *Practical Financial Modelling*, 1980: 259–261.

[4] Debondt, W., R. Thaler. Does the Stock Market Overreact. *Journal of Finance*, 1985, 40: 793–805.

[5] Bhandari, L. Debt/Equity Ratio and Expected Common Returns: Empirical and Evidence. *Journal of Finance*, 1988, 43: 507–528.

[6] Jegadeesh, N., S. Titman. Returns to Buying Winners and Welling Losers: Implications for Stock Market Efficiency. *Journal of Finance*, 1993, 48: 65–91.

[7] Kydland, F., E. Prescott. Time to Build and Aggregate Fluctuations. *Econometrica*, 1982, 50: 1345–1370.

[8] Jermann, J. Asset Pricing in Production Economies. *Journal of Monetary Economics*, 1988, 41: 257–275.

对于长期投资者来说，其中一种重要的风险因子是人口结构风险，具体来说是劳动力产出冲击。在世代叠加模型（Over Lapping Generation Model，OLG 模型）中，人口结构是一个缓慢变化的变量。[①] Kaltenbrunner 和 Lochstoer 考虑了更实际、更复杂的动态冲击和代理行为。现代宏观经济研究主要依赖动态随机一般均衡（Dynamic Stochastic General Equilibrium，DSGE）模型，在 DSGE 模型中，经济体是动态变化的，代理人（消费者、企业、中央银行和政府）的行为、技术水平和机构或市场都会影响经济变量，资产价格是以上所有参与者和技术相互影响的集合。[②] Erb 等、Ang 和 Maddaloni 的实证研究都证实了人口结构确实存在风险溢价。[③]

在动态因子研究方面，多因子资产定价模型中最重要的研究成果是 Fama 和 French 利用实证数据提出的 Fama-French 三因子模型（简称 FF3 模型）。他们利用 1963~1990 年美国三大股票交易所的全部股票样本，运用横截面回归研究了投资组合的市场因子系数和超额收益之间的关系，发现无论是单变量检验还是结合其他变量的联合检验，二者关系均不显著，而规模、盈利、分红和价值因子对投资组合超额收益的单变量检验表明它们都有很强的解释力度。同时，他们通过多变量联合检验发现，规模和价值因子联合起来可以很好地吸收市场、盈利、分红等指标对股票横截面超额收益的影响。这一发现打破了长期以来用市场因子作为基本风险衡量指标的模式。[④]

[①] Smets, F., R. Wouters. Shocks and Frictions in US Business Cycles: A Bayesian Dynamic Stochastic General Equilibrium Approach. *American Economic Review*, 2007, 97: 586-606.

[②] Kaltenbrunner, G., L. Lochstoer. Long-run Risk through Consumption Smoothing. *Review of Financial Studies*, 2010, 23: 3190-3224.

[③] Erb, C., C. Harvey, and T. Viskanta. Demographics and International Investments. *Financial Analysts Journal*, 1997, 53: 14-28; Ang, A., A. Maddaloni. Do Demographic Changes Affect Risk Premiums? Evidence from International Data. *Journal of Business*, 2005, 78: 341-379.

[④] Fama, E., K. French. The Cross-section of Expected Stock Returns. *Journal of Finance*, 1992, 47: 427-465.

FF3 模型虽然在形式上拒绝了 CAPM 的结论，但它在实质上延续了 CAPM 的研究，FF3 模型的研究框架至今影响着主流的资产定价理论和实践。也有很多学者对 FF3 模型提出了各种各样的疑问，如 Barber 和 Lyon 就指出 FF3 模型的检验方法存在数据的过度挖掘，他们认为要对不同时期、不同地域的金融数据进行稳健性检验[1]；Ang 和 Bekaert 的研究也证明了价值因子在 20 世纪上半叶无法解释组合收益，FF3 模型的研究存在数据选择偏差[2]。这些研究掀起了利用全球各证券市场进行 FF3 模型检验的研究热潮。尽管如此，FF3 模型在业界仍然备受推崇，因为它提供了一种切实可行的投资方式，其中的三种因子都可以通过构造零成本投资组合实现。

在 FF3 模型的基础上，学者们希望继续创造新的风险因子去增强模型的解释能力，Carhart 将股票按照历史表现分为赢家组合和输家组合，并通过买入赢家组合同时卖出输家组合来构造零成本投资组合，以此作为动量因子（UMD）加入 FF3 模型构建了 C4 模型[3]；但 Fama 和 French 使用全球多个地区的数据对四因子模型进行检验，发现动量因子在不同的市场中的解释力存在差异[4]；Fama 和 French 在 FF3 模型的基础上加入盈利因子和投资因子构建了五因子模型（简称 FF5 模型）[5]。

国内文献对于因子模型的研究主要是三因子模型对我国股市适用性的检验等，如陈信元等、邓长荣和马永开。[6] 近几年的研究主要是设计

---

[1] Barber, B., J. Lyon. Firm Size, Book-to-Market Ratio, and Security Returns: A Holdout Sample of Financial Firms. *The Journal of Finance*, 1997, 52 (2): 875-883.

[2] Ang, A., G. Bekaert. Stock Return Predictability: Is It There?. *Review of Financial Studies*, 2007, 20: 651-707.

[3] Carhart, M. On Persistence in Mutual Fund Performance. *The Journal of Finance*, 1997, 52 (1): 57-82.

[4] Fama, E., K. French. Size, Value, and Momentum in International Stock Returns. *Journal of Financial Economics*, 2012, 105: 457-472.

[5] Fama, E., K. French. A Five-Factor Asset Pricing Model. *Journal of Financial Economics*, 2014, 116: 1-22.

[6] 陈信元、张田余、陈冬华：《预期股票收益的横截面多因素分析：来自中国证券市场的经验证据》，《金融研究》2001 年第 6 期；邓长荣、马永开：《三因素模型在中国证券市场的实证研究》，《管理学报》2005 年第 5 期。

和构造不同的因子来分析我国股市的主导因子，潘莉和徐建国利用市盈率代替市净率构建了中国股市的三因子模型①，田利辉和王冠英加入交易量和换手率因子构造了五因素模型②，他们均认为这些模型能够较好地解释中国股市的收益。

1.2.2 非理性预期下的资产定价理论

以上都是理性预期下的资产定价理论，除此之外，非理性预期下的资产定价理论也获得了巨大发展，并产生了很多构造因子的思路。传统理性预期下的CAPM假设市场参与者对于资产收益率的主观预期是一致的，然而数据和很多实证结果表明实际情况并非如此，资产收益率具有"波动率聚集性"（Volatility Clustering），均值和方差并不是时不变的常数。Engle为此提出了自回归条件异方差（Autoregressional Heteroscedasticity，ARCH）模型的概念，将自回归模型误差项的条件方差解释为过去误差和方差的函数，很好地刻画了这种波动率聚集的情况，受到了学界的关注，此后对于各种ARCH模型的研究也成了一个热点。③ Bollerslev等提出了多变量GARCH-M模型，并对1959~1984年的票据、债券和股票数据进行拟合，实证结果支持了这种条件资产定价模型。他们开创性的研究成果后来被广泛地应用在金融市场和宏观经济预测中。④ Giovannini和Jorion将OLS中残差从正态独立同分布（Independent Identical Distribution）扩展到ARCH形式，对外汇市场和股票市

---

① 潘莉、徐建国：《A股市场的风险与特征因子》，《金融研究》2011年第10期。
② 田利辉、王冠英：《我国股票定价五因素模型：交易量如何影响股票收益率?》，《南开经济研究》2014年第2期。
③ Engle, R. Autoregressive Conditional Heteroscedasticity with Estimates of the Variance of United Kingdom Inflation. *Econometrica*, 1982, 50（4）: 987 – 1007.
④ Bollerslev, T., R. Engle, J. Wooldridge. A Capital Asset Pricing Model with Time-Varying Covariances. *The Journal of Political Economy*, 1988, 96（1）: 116 – 131.

场指数价格的泊松跳跃进行了研究①；Vlaar 和 Palm 用同样的假设对外汇市场中是否存在伯努利跳跃和泊松跳跃的现象进行了研究②。

股票实际价格不仅存在波动率聚集的现象，而且在很多时候会出现过度波动。Shiller 利用方差比进行过度波动检验，利用 1928～1979 年的道琼斯工业平均指数和对应的分红数据否定了股票分红波动决定价格波动的传统认识。③ 随后 Shiller 和 Campbell 将过度波动检验扩展为非平稳数据检验，利用年度标准普尔指数再次验证了股价存在过度波动。他们认为市场上存在投资者的行为误差、对信息的过度反应等导致了股价的过度波动，这种波动无法用理性预期理论解释。④ 该研究引发了金融界对于资产定价的重新思考，行为金融学开始逐渐发展起来。Shefrin 和 Statman 提出了行为资产定价模型（Behavioral Asset Pricing Model，BAPM），在 BAPM 中，证券预期收益是由这些非理性交易者的"行为风险"决定的，市场价格的定价方式是由理性交易者和非理性交易者相互撮合形成的。⑤ 行为金融学很多文献也加强了研究者对于基本风险因子的认识，Barberis 等认为由于投资者短期内容易落入"保守性偏差"的陷阱而对股价反应不足，产生短期的"惯性效应"。⑥

动量策略就是通过捕捉股票价格的过度波动和市场存在的惯性效应获取收益的投资策略。DeBondt 和 Thaler 首先发现股票收益率在长期存

---

① Giovannini, A., P. Jorion. The Time Variation of Risk and Return in the Foreign Exchange and Stock Markets. *The Journal of Finance*, 1989, 44 (2): 307 – 325.

② Vlaar, P., F. Palm. The Message in Weekly Exchange Rates in the European Monetary System: Mean Reversion, Conditional Heteroscedasticity, and Jumps. *Journal of Business & Economic Statistics*, 1993, 11 (3): 351 – 360.

③ Shiller, R. The Use of Volatility Measures in Assessing Market Efficiency. *The Journal of Finance*, 1981, 36 (2): 291 – 304.

④ Shiller, R., J. Campbell. Interpreting Cointegrated Models. *Journal of Economic Dynamics & Control*, 1988, 12 (2 – 3): 505 – 522.

⑤ Shefrin, H., M. Statman. Making Sense of Beta, Size and Book-to-Market. *The Journal of Portfolio Management*, 1994, 21 (2): 26 – 34.

⑥ Barberis, N., A. Shleifer, R. Vishny. A Model of Investor Sentiment 1. *Journal of Financial Economics*, 1998, 49 (3): 307 – 343.

在反转趋势，并通过实证研究证明采用反转投资策略能够获得超额收益。他们采用的零成本投资组合（Zero-cost Portfolio）被后来的研究者广泛使用。[①] Jegadeesh 和 Titman 最早研究了惯性投资策略。他们利用纽约证券交易所（NYSE）和美国证券交易所（AMEX）1965～1989年全部股票的月度数据进行研究，把符合条件的股票分别按照过去 3 个、6 个、9 个和 12 个月的累积收益率进行排序，并按顺序构造十个等权投资组合（从 P1 到 P10，其中 P1 是赢家组合，P10 是输家组合），再考察这些组合在持有期分别为 3 个、6 个、9 个和 12 个月的累积收益率，并以"P1－P10"的收益率作为"相对强度组合"（Relative Strength Portfolio）的收益率。结果发现排序期和持有期均为 6 个月的相对强度组合（6/6 组合）会产生大约 1% 的月回报。[②] Conrad 和 Kaul 采用了 1926～1989 年美国全部股票的周和月度数据，形成期和持有期均有 8 种：1 周和 3 个、6 个、9 个、12 个、18 个、24 个、36 月。实证结果发现 64 种组合中有一半的策略取得了显著的利润，这些组合主要集中在中等长度（3～12 个月）的投资期限。他们还发现反转投资策略可以在极短期（1 周）和极长期（36 个月）取得收益。[③] Carhart 将相对强度组合作为动量因子扩展了 Fama 和 French 的三因子模型。但是他指出交易费用和换手成本在一定程度上会抵消动量投资策略带来的异常收益。[④]

上述所有关于动量投资策略的实证分析是建立在美国数据的基础之上的。Fama 和 French 建议对各国的数据进行动量策略研究，以验证动量

[①] DeBondt, W., R. Thaler. Does the Stock Market Overreact. *Journal of Finance*, 1985, 40: 793 - 805.

[②] Jegadeesh, N., S. Titman. Returns to Buying Winners and Selling Losers: Implications for Stock Market Efficiency. *Journal of Finance*, 1993, 48: 65 - 91.

[③] Conrad, J., G. Kaul. An Anatomy of Trading Strategies. *Review of Financial Studies*, 1998, 11 (3): 489 - 519.

[④] Carhart, M. On Persistence in Mutual Fund Performance. *The Journal of Finance*, 1997, 52 (1): 57 - 82; Fama, E., K. French. The Cross-section of Expected Stock Returns. *Journal of Finance*, 1992, 47: 427 - 465.

异象是否存在数据选择偏差。① Rouwenhorst 用 12 个 OECD 国家 1980～1995 年的股票月度数据考察了动量投资策略，研究采用的形成期和持有期均为 3 个、6 个、9 个和 12 个月，结果证实动量效应现象在所有 OECD 国家都存在。②

另外，Jegadeesh 和 Titman 增加了 1990～1998 年的数据，并重复了之前的研究，结果发现动量策略依然可以获得显著的利润③；Moskowitz 和 Grinblatt 研究了行业和动量的关系④；Asness 等、Bhojraj 和 Swaminathan 研究了证券指数中存在的截面动量⑤；Erb 和 Harvey、Asness 等分别研究了外汇、商品和环球债券市场的动量效应⑥。

国内研究动量效应的文献也有很多，但始终没有完全一致的结论。王永宏和赵学军对中国股票市场的动量效应进行了研究，样本为 1993 年前上市的全部 A 股股票在 1993～2000 年的月收益，最后得出的结论是各种期限组合的动量投资策略收益几乎全部为负。⑦ 周琳杰发现只有回望期和持有期非常短的组合才有显著的盈利，且都来自对做空机制的

---

① Fama, E., K. French. Multifactor Explanations of Asset Pricing Anomalies. *Journal of Finance*, 1996, 51: 55-84.

② Rouwenhorst, K. International Momentum Strategies. *The Journal of Finance*, 1998, 53 (1): 267-284.

③ Jegadeesh, N., S. Titman. Profitability of Momentum Strategies: An Evaluation of Alternative Explanations. *The Journal of Finance*, 2001, 56 (2): 699-720.

④ Moskowitz, T., M. Grinblatt. Do Industries Explain Momentum?. *The Journal of Finance*, 1999, 54: 1249-1290.

⑤ Asness, C., J. Liew, and R. Stevens. Parallels between the Cross-sectional Predictability of Stock and Country Returns. *The Journal of Portfolio Management*, 1997, 23: 79-87; Bhojraj, S., B. Swaminathan. Macromomentum: Returns Predictability in International Equity Indices. *Journal of Business*, 2006, 79 (1): 429-451.

⑥ Erb, C., C. Harvey. The Strategic and Tactical Value of Commodity Futures. *Financial Analysts Journal*, 2006, 62: 69-97; Asness, C., T. Moskowitz, and L. Pedersen. Value and Momentum Everywhere. *The Journal of Finance*, 2013, 68: 929-985.

⑦ 王永宏、赵学军：《中国股市"惯性策略"和"反转策略"的实证分析》，《证券市场导报》2001 年第 6 期。

利用。[①] 徐信忠和郑纯毅发现中国股票市场动量效应发生在 1~6 个月，收益低于欧美市场且显著性不强。[②] 鲁臻和邹恒甫在 Hong 和 Stein 的 HS 模型基础上，将信息分为政策信息和公司基本面信息两类，通过理论推导得到两个主要结论：我国股市反转效应比惯性效应明显，除了中期惯性与长期反转外，还存在一个超短期的惯性与短期的反转；小公司股票惯性趋势较弱，容易发生反转，成交量大的股票相对于成交量小的股票惯性趋势较弱，容易发生反转。他们得出中国股市惯性效应不明显的结论符合理论模型分析，还指出可以利用周数据进行超短期的检验。[③] 潘莉和徐建国采用 CSMAR 数据库中沪深两市全部股票从 1995 年 1 月到 2008 年 12 月的日度数据和月度数据，并用日度数据构造周度数据。在该研究中，他们将每一期的全体股票样本按照回望期内的平均回报率平均分成五组，日度数据的回望期和持有期均为 1~10 天，周度数据的回望期和持有期均为 1~8 周，月度数据的回望期和持有期均为 1~12 个月，年度数据的回望期和持有期均为 1~5 年，共计 333 种组合，覆盖了 1 天到 5 年的时间频率。具体的实证数据构造还考虑了包含和不包含交易量的情形，并希望以此判断交易量对股票惯性的影响。实证结果发现，A 股在多个时间频率上存在明显的反转效应，而动量效应仅在超短期的日频率和特定的周频率上存在；交易量对于股票价格的惯性和反转有显著影响，交易量小的股票易于发生惯性现象，而交易量大的股票易于发生反转现象，交易量有加快股票价格对信息反应的速度的作用。这表明我国 A 股市场不满足"弱有效市场"假说。[④]

[①] 周琳杰：《中国股票市场动量策略赢利性研究》，《世界经济》2002 年第 8 期。
[②] 徐信忠、郑纯毅：《中国股票市场动量效应成因分析》，《经济科学》2006 年第 1 期。
[③] 鲁臻、邹恒甫：《中国股市的惯性与反转效应研究》，《经济研究》2007 年第 9 期；Hong, H., J. Stein. A Unified Theory of Underreaction, Momentum Trading, and Overreaction in Asset Markets. *Journal of Finance*, 1999, 54（6）：2143－2184。
[④] 潘莉、徐建国：《A 股市场的风险与特征因子》，《金融研究》2011 年第 10 期。

1.3 研究思路

资产定价模型和风险因子理论不仅在金融理论研究中具有重要的地位,而且在资产管理和投资实践中具有重要的指导意义。但是本书通过阅读和梳理国内外文献发现,它们对于因子及因子模型的研究方法主要面临两个重要的问题。

其一,因子模型大多采用单一时间尺度的研究方法,即在一篇文献中只采用周交易数据或者月交易数据。这种方法无法体现出不同投资者投资行为和频率的异质性,例如机构等大资金的投资者进出市场肯定不如小资金的散户灵活,它们不仅受到资金规模的影响,还会受到各种限制条件的监管,因此其交易周期就会显著地长于散户投资者,可能在季度的频率上进行交易甚至在年度的频率上交易;而散户可以今天买进明天就卖出,甚至在国内期货市场上,很多"炒单"的散户每天都要全仓买进、卖出几十次。这种不同交易频率上的差异会导致学者在使用某一频率数据进行分析的时候,其他频率的数据信息可能是被作为交易噪音进行处理,进而对研究结果产生负面影响。因此,如果采用一种资产定价模型能够同时对多个时间尺度的数据进行分析,就可以有效地避免这种情况。

其二,很多学者发现风险因子和投资组合之间的关系是不断变化的,造成这种现象的原因大概有以下几点:首先从经济政策方面来看,产业政策、证券监管政策、税收激励政策等都会随着社会经济运行状态的变化而不断变化,这些会给股价带来相当大的波动;其次从上市公司自身来看,上市公司的主营业务、股东结构、经营策略等都不可能是一成不变的,这就会造成它们对不同风险因子的敞口不断变化,这是一种动态随机的过程;最后从交易者组成结构来看,根据行为金融学的研究,证券市场参与者包含理性和非理性交易者,两者之间比例的变化

（即市场结构的变化）会影响系统性风险因子与股票价格之间的关系。通过简单归纳，我们发现系统性风险因子对投资组合的影响是不断变化的，而以往研究中采用的线性回归方法不能很好地描述这种变化，那么如何刻画这种动态的变化并发现其中的规律也值得研究。

因此，本书的理论研究主要包含因子模型的多时间尺度分析和动态分析，而实证方面主要是探讨我国股票市场存在的动量和反转效应，以及如何将因子投资的概念应用于我国股票市场的投资中。

本书的研究主要包含以下三个方面。

首先，利用多时间尺度的数据对不同的因子模型进行检验，探索不同时间尺度数据下，模型与模型之间的因子系数值和显著性的变化情况，以及验证各种风险因子解释能力的稳定程度。该研究采用 French 教授网站[1]上的研究数据和小波分析的方法进行。目前对于多时间尺度金融时间序列分析的方法除了同时按照日、周、月、季、年数据进行分析外，Ramsey 和 Zhang、Gencay 等也提出了利用小波多分辨分析对金融时间序列进行多时间尺度研究的理论框架。[2] 利用小波分析中的最大叠加离散小波变换（Maximum Overlapped Discrete Wavelet Transform，MODWT）方法能够无损地将数据一次性分解到多个不同的时间尺度上，通过对不同时间尺度上的小波系数进行回归，可以得到不同时间尺度上风险因子与投资组合收益之间的关系。通过对于各种因子模型的多时间尺度分析，我们发现三种因子模型对投资组合超额收益的解释能力随着时间尺度的增加而增强，并且 CAPM、FF3 和 FF5 模型的解释能力也是逐步增强的。全部回归结果中只有市场因子系数始终显著，说明其他因子都只对特定投资组合的超额收益存在解释能力。本书认为对于不同的投

---

[1] http://mba.tuck.dartmouth.edu/pages/faculty/ken.french/data_library.html.
[2] Ramsey, J., Z. Zhang. The Analysis of Foreign Exchange Data Using Waveform Dictionaries. *Empirical Finance*, 1997, 4: 341-372; Gencay, R., F. Selcuk, and B. Whitcher. *An Introduction to Wavelets and Other Filtering Methods in Finance and Economics*. Academic Press, San Diego, 2001.

资组合来说，能够解释超额收益的有效解释因子组合不同，并且同一投资组合在不同时间尺度上的有效解释因子组合也不完全相同，因此不能用固定的因子模型分析不同的投资组合。这一研究结果也从侧面反映了对因子模型进行动态分析的必要性。

其次，同样采用 French 教授网站上的数据，利用动态模型平均方法对 Fama 和 French 最新的 FF5 模型进行动态分析。[①] 该方法将五种风险因子看作市场状态，构造状态空间模型，并使用卡尔曼滤波对每一期的模型参数进行动态参数估计，再结合贝叶斯模型平均的方法总结出各种风险因子在解释力最强的模型中出现的后验概率（即解释能力的有效性）和各因子系数的动态变化，可以进一步验证系统性风险因子解释能力的变化和其对资产收益影响情况的变化。实证研究结果表明：该方法能够快速地分析一个投资组合的有效因子及敞口大小；没有一个固定的因子模型能够解释不同投资组合的收益；模型因子对投资组合收益的解释能力和回归系数是动态变化的。这就意味着：一方面，利用动态模型平均方法能够分析一个投资组合能否在长期保持对风险因子的敞口，可以用于基金投资执行情况的评价；另一方面，实证结果反映了利用多因子模型只能找到过去投资组合与风险因子之间的关系，无法对投资组合未来的收益进行预测，否定了目前国内证券投资管理行业普遍采用多因子拟合后进行打分选股策略的有效性，这可能是目前国内开放式基金普遍表现不佳的原因。

最后，对中国股票市场进行的实证研究分为两个部分。第一部分研究我国股票市场中存在的动量和反转效应，实证结果发现我国股票市场中的确存在极短期与中长期的反转效应和短期的动量效应，在此基础上针对动量和反转效应设计投资策略并进行评估，证实这种策略在长期可以获得稳定收益。第二部分引入因子投资的概念对我国股票市场中存在

---

① Fama, E., K. French. A Five-Factor Asset Pricing Model. *Journal of Financial Economics*, 2014, 116: 1 – 22.

的主要因子进行实证检验。因子投资是一个新兴的概念，它是从传统阿尔法收益中分离出来的，在2010年之后才逐渐被国外的投资者所认可，但是目前国内业界仍然将市场外的收益看作纯阿尔法收益。究其原因，一方面，国内学者和从业者普遍认为规模、价值等因子不属于风险因子，不能带来风险溢价；另一方面，我国股票市场此前缺乏做空工具，无法实现股票的零成本投资组合，缺乏对因子进行多空模拟投资组合的研究。2010年沪深300股指期货、2015年上证50和中证500股指期货的上市使从业者大规模进行多空投资成为现实，因此现在无论是理论还是实操工具都满足了进行因子投资的条件。

1.4 本书的创新点

本书的创新不仅在于引入了新的研究方法和思路，最终的研究结果还对我国股票市场的投资实践具有重要的指导意义，主要包含以下几点。

第一，归纳和分析了目前因子模型研究中存在的本质问题，包括金融数据与线性回归方法之间的冲突、数据集选择带来的误差、滚动窗口方法的缺陷以及单一时间尺度研究偏差等。

第二，利用小波分析同时研究不同的资产定价模型，并从横向（模型之间）和纵向（时间尺度之间）上分析风险因子的有效性。在进行因子模型的多时间尺度研究时采用了小波变换中的MODWT方法，避免了传统DWT方法对数据长度的严格要求，以及数据分解后会产生相位偏差和数据失真等很多缺陷。通过对不同时间尺度和因子模型中的均方误差进行比较，证明了因子模型的解释能力随着时间尺度的增加而提高，而且FF5模型确实比CAPM和FF3模型在解释能力上有所提高。从研究结果来看，因子对于投资组合收益的解释能力（显著性）在不同的时间尺度上是变化的，投资组合在不同时间尺度上对于因子的敞口也不是常数，因此，需要利用一种动态的研究方法对因子模型进行进一步深入研究。

第三，在研究风险因子有效性的时候首次引入了动态模型平均的方法，将证券市场看作一个具有多种状态的系统整体构造状态空间模型，采用卡尔曼滤波进行动态的参数估计，进而采用贝叶斯模型平均的思想，获得最优预测模型中各个因子出现的概率和系数估计值。这种方法不仅可以允许因子模型的参数不断变化，也允许模型的因子个数不断变化，具有很强的灵活性和很高的拟合水平。大量的实证数据表明，不同的投资组合对应的有效的风险因子组合和因子系数也不相同，而且它们都会随时间改变。这个研究结果否定了目前国内证券投资管理行业普遍采用多因子拟合后进行打分选股策略的有效性。

第四，验证了我国股票市场中的动量和反转效应。通过对动量因子的细致分析，本书发现我国股票市场中具有的投资价值动量和反转效应只出现在短期，利用单周收益率构造的相对强度组合在第1周和第5周会出现显著的反转效应，第2周会出现显著的动量效应。进一步分析我们发现截面动量和反转效应是同时存在、相互作用的整体，推翻了以往认为两种效应轮动存在的观念；在我国股市中，反转效应在长期占据主导，通过投资反转因子能够获得更加长期稳定的收益；相对强度组合间的表现差异可以反映市场状态的变化，利用不同分组方法构造出来的组合净值差异能够反映出市场动量和反转效应的相互作用情况。

第五，阐述了动态横截面因子同样存在风险的观点。国内对于风险因子的研究目前大部分还仅限于市场风险因子，本书将动态横截面因子中的规模因子、价值因子等都看作风险因子，这一方面是因为它们都能带来溢价，另一方面是因为它们普遍有自己的风险期，这些风险期与市场因子的风险期存在显著的差异。本书利用中证800指数成分股设计的多种因子投资组合净值曲线可以直观地看到规模、价值和反转因子都满足风险因子的条件。

第六，引入了国际先进的因子投资理念，本书通过构造有效的因子模拟组合验证了在我国股票市场进行因子投资的可行性，并切实提出了可行的投资策略。本书提出的因子投资策略从风险控制的角度来看，普遍优于指数投资的效果。

1.5　结构安排

本书共分为 7 章，其主要结构安排如下。

第 1 章为导言，主要阐述本书的研究背景、研究目的、理论与实践意义、国内外研究综述、研究思路及主要创新点。

第 2 章介绍因子投资和因子模型理论，主要包含风险因子、因子模型的理论和数理推导，以及目前因子模型实证研究中存在的问题。

第 3 章利用小波分析对 CAPM、FF3 和 FF5 模型进行研究。首先介绍了金融时间序列多时间尺度分析的发展和理论基础，然后推导了小波多分辨分析的数理原理，引入最大叠加离散小波变换方法，利用 French 教授网站的美国股票市场因子数据进行多时间尺度 CAPM、FF3 和 FF5 模型回归，通过对比不同时间尺度上的回归系数和统计量进行分析。

第 4 章引入动态模型平均方法对 FF5 模型进行动态分析。首先构造一个股票市场的状态空间模型，将投资组合的超额收益作为可观测的系统输出，将投资组合对于各种基本风险因子的敞口作为投资组合对应的状态；其次结合预测值和实际值之间的差异，采用卡尔曼滤波估计每一期的因子系数；再次利用贝叶斯模型平均方法对每一期模型中每个因子的后验概率进行估计；最后通过对比因子后验概率和因子系数的动态变化规律进行分析。

第 5 章研究了我国股票市场中存在的动量和反转效应，并提出了对应的投资策略。利用 20 年的股票历史数据构造不同分组方法下的零成本投资组合，通过分析这些组合在不同回望期、持有期和冷静期参数下的期望收益和 t 统计量，研究我国股票市场中存在的动量和反转效应，并利用研究结果构造投资组合进行回测,数据证明了这些投资策略可以在长期获得良好收益。

第6章采用因子投资的方法对我国股票市场中存在的规模、价值和动量三种主要因子进行投资策略研究。该研究采用中证800指数的成分股作为样本空间,不仅构造了不同分位数的分组投资组合,也构造了因子投资组合,并对这些不同组合的净值曲线、绩效指标以及相对基准指数的回归结果进行了分析和总结,最后提出了适合我国股票市场的因子投资策略。

第7章对全书的各项结论进行了总结,并指出了目前还存在的不足,对于资产定价理论进一步的研究方向,以及在我国的应用进行了展望。

第 2 章
理论基础与研究中存在的缺陷

无论是现代金融学还是行为金融学都以风险和收益作为主要的研究对象，它们之间的关系是金融研究和实践领域中的重要课题。风险因子是联系风险和收益的纽带，无论是从理论推导出的 CAPM 和 APT，还是从实证数据归纳出的 FF3、C4 和 FF5 模型，无一例外反映的是风险因子与投资组合收益之间的关系，因此对于因子理论的研究主要就是对各种风险因子和多因子资产定价模型的研究。

传统多因子模型的实证研究主要采用线性回归的方法和固定区间的数据集，其中隐藏了很多缺陷，包括数据选择偏差、数据不满足线性回归的古典假设、单一时间尺度数据无法反映多个频率交易信息等。

本章首先从梳理风险因子与因子投资的理论基础开始，将风险因子的种类进行划分，并通过理性和感性两个角度详细解释不同因子的收益来源，进而对因子模型及相关理论进行详细的说明和推导，最后归纳以往研究中存在的主要缺陷，为接下来的研究奠定理论基础。

2.1 风险因子与因子投资

2.1.1 风险

风险是一个抽象的概念，它反映了资产收益在未来的不确定性，一般被定义为资产收益的波动程度，资产持有者必须承受风险才能获得风险溢价。在投资实践中，不同投资者的风险偏好和投资偏好不同，所以持有的资产类别也不同；而不同资产在同样的经济环境中的收益也不一样，因此，即便是面临同样风险的市场，每个投资者的感受也是不同的。

例如，在2008～2009年金融危机时期，大部分风险资产的价格出现"断崖式下跌"。美国的大市值股票指数——标准普尔500（S&P 500）的总收益率为-37%，MSCI指数下跌了43.2%，国际金融公司（International Finance Corporation, IFC）新兴市场指数下跌了53.2%。风险类固定收益证券（例如企业债券、新兴市场国债和高收益债券等）的收益也出现大幅下跌。即便是号称对市场波动"免疫"的对冲基金也未能幸免，股票类对冲基金指数下跌了20.6%，固定收益类对冲基金指数下跌了17.8%，大宗商品下跌超过30%。持有这些资产多头头寸的投资者心情就不会太好，但在当期持有主权债券，尤其是花旗环球政府债券的投资者则非常幸运，在熊市取得了10.9%的收益。但是，这就说明持有政府债券比持有股票或者其他资产好吗？答案当然是否定的。因为上面的例子只是金融危机时期的极端情况，在经济繁荣期，股票等证券资产的收益远超债券。

由此可以看出，风险的定义依赖收益率的概率分布，收益率在不同时期的分布描述了持有这项资产可能会面对所有结果的概率，它既可以被看作历史收益率的概括，也可以被看作对未来收益率的预测。通过绘制直方图可以清楚地看出资产面对的风险和收益。一般用来衡量风险的指标包括标准差、半方差、目标半方差、损失概率和在险价值（Value at Risk）等，这些方法都试图从实际收益率分布中提取资产的风险特征。还有一种近似的方法是假设资产收益率服从正态分布，然后利用已有的样本数据计算样本均值和样本方差，并以此确定分布的均值和方差，进而可以计算标准差、半方差等风险指标。虽然这种方法用起来很方便，但是大量研究表明投资收益率并不精确服从正态分布，而是具有厚尾（Fat Tail）的正态分布，极端事件发生的概率远大于正态分布估计的结果。而且这种近似的估计也会导致实证研究中出现很多意外的结果，尽管这一点是所有投资者都不愿意看到的，但是这些意外经常发生。

Markowitz首先采用的风险指标是样本数据的标准差，也叫波动率，它是目前最常用的一个风险衡量指标。波动率具有一个非常好的性质：不具有组合属性，即投资组合的标准差不等于组合中各项资产标准差的加权平均。[①] 这一点也是投资者之所以要构造多元化（Diversification）投资组合的关键。考察一个投资组合p，其中包含50%仓位的股票1和50%仓位的股票2，那么组合p的标准差为：

$$\sigma_p = \sqrt{(0.5\sigma_1)^2 + (0.5\sigma_2)^2 + 2(0.5\sigma_1)(0.5\sigma_2)\rho_{12}}$$

其中，ρ_{12}（$0 \leq \rho_{12} \leq 1$）是两只股票的相关系数。只有当$\rho_{12}=1$时，$\sigma_p = 0.5\sigma_1 + 0.5\sigma_2$；而当$0 \leq \rho_{12} < 1$时，$\sigma_p < 0.5\sigma_1 + 0.5\sigma_2$。

如果持有一个由N只股票构造的等权重投资组合，每只股票的风险为σ，并且股票之间的相关系数为0，那么组合风险为：

$$\sigma_p = \frac{\sigma}{\sqrt{N}}$$

当$N \to \infty$时，$\sigma_p \to 0$。

假设任意两只股票之间的相关系数为ρ，则：

$$\sigma_p = \sigma \sqrt{\frac{1 + \rho(N-1)}{N}}$$

当$N \to \infty$时，$\sigma_p \to \sigma\sqrt{\rho}$。

对于大多数资产来说，它们的自相关系数是接近于0的，这意味着利用统计方法计算标准差时，统计周期越长，标准差就越大，风险也就

---

① Markowitz, H. Portfolio Selection. *The Journal of Finance*, 1952, 7 (1)：77-91.

越大。因此，在进行多时间尺度实证检验的时候要考虑风险的标准化问题。

2.1.2 风险因子

风险因子能够产生风险溢价，虽然资产在短期可能会产生损失，但是长期的风险溢价才是投资者的最终目标。上一节金融危机的例子中，不同资产在金融危机中的损失程度不相等，造成这种现象的原因是，不同资产包含的风险因子组合不一样，而且风险资产对于不同风险因子的敞口也不一样。

风险因子有很多种划分方法，Ang给出了一种令人信服的方法，他将系统性风险因子划分为静态基本面因子和动态横截面因子，静态因子是包含经济增长率、通货膨胀率、波动率等宏观经济变量的基本面因子，动态因子是包含市场投资组合、价值-成长零成本投资组合、动量零成本投资组合等可交易组合的横截面因子。[1]

2.1.2.1 静态基本面因子

没人会否定基本面因子对所有投资者和资产价格的影响，而且从某种意义上说，传统经济学研究的正是各种宏观经济变量与资产价格的关系。当经济增长缓慢或者通货膨胀高企时，经济体中的所有企业和投资者的收益都会下降。绝大多数人害怕经济增长率降低和通货膨胀率提高，因为这样他们可能会失去维持生活水平的经济能力甚至失业。但仍然会有一些人，例如专做破产清算的律师和会计师，会因为企业破产数量的增多而受益；另外一些投资者，包括油田、矿山、森林等资源所有者，能够在通货膨胀推高商品价格时获利。从整体上来说，基本面因子会影响所有持有风险资产的投资者的收益。

基本面因子对资产收益率的影响通常没有它们带来的冲击影响大。很多基本面因子是有持续性的：如果今天通货膨胀率低的话，下个月也

---

[1] Ang, A. *Asset Management: A Systematic Approach to Factor Investing*. Oxford University Press, 2014.

不会有很大的改变，甚至到下个季度末通胀水平仍然不高也是正常的；即便是国家改变了货币政策，产生了货币宽松的预期，通货膨胀率也只会慢慢地提高。而一个时期内预料不到的经济变量的变化才会引起相应的较大变化，因此通常要观察基本面因子意料之外的变化。资产价格也能够反映这些基本面因子的变化。通货膨胀突然反转会对经济造成冲击，资产价格会因此下降；长期的风险溢价能够补偿投资者们在短期由通货膨胀反转带来的损失。

最重要的三种宏观经济变量包括经济增长率、通货膨胀率和波动率。

根据美国国家经济研究局（National Bureau of Economic Research，NBER）的一项研究[①]，在经济增长的衰退期，股票收益率普遍下降：大市值股票在经济繁荣期平均收益率为12.4%，在衰退期为5.6%。经济的繁荣和衰退状态对小市值股票的影响更加明显，平均收益率分别为16.8%和7.8%。政府债券的表现则相反，在衰退期有12.3%的平均收益率，而在繁荣期只有5.9%的平均收益率，包含信用风险的投资级企业债券表现类似。而高收益债券在繁荣期和衰退期表现没有太大差别。无论是采用实际国内生产总值（Gross Domestic Product，GDP）还是采用消费增长率去判断经济增长，获得的结果都是一样的。大市值股票在低GDP增长率时平均收益率为8.8%，在低消费增长率时为5.6%；而对应在高GDP增长率和高消费增长率的时候平均收益率分别为13.8%和17.1%。所有资产的收益在低增长率或者衰退期的波动都很大。大市值股票在衰退期的波动率为23.7%，而在繁荣期为14.0%。政府债券在衰退期平均收益很高，但波动率也达到了15.5%，而在繁荣期只有9.3%的波动率。比较的结果是行情差的时候波动率会变大。因此，在经济衰退期，资产的收益率会大幅度降低，风险也会大幅度提高。

---

① 该研究的数据来源于Ang的整理，样本区间为1952年第一季度到2011年第四季度，参见Ang, A. *Asset Management: A Systematic Approach to Factor Investing*. Oxford University Press, 2014.

同一项研究表明：高通胀时期，所有资产表现都很差。大市值股票在低通胀时平均收益率为14.7%，而在高通胀时为8.0%。政府债券、投资级企业债券和高收益债券在低通胀时的平均收益率分别为8.6%、8.8%和9.2%，而在高通胀时分别为5.4%、5.3%和6.0%。很明显，高通胀对于债券来说是有害的，因为债券的收益率是固定的，高通胀会降低实际的收益率。而对于生产性企业的股票来说，在原材料进货价格抵消产品的销售价格的同时，业绩波动变大，反而使得企业风险变大。这种情况下能够获利的只有资源开发型企业。[1]

波动率也是一个非常重要的风险因子。美国市场用芝加哥期权交易所的波动率指数——VIX指数来衡量波动率风险。对于美国市场来说，VIX指数增加1，股票收益率将下降39%，债券收益率将上升12%，这种波动率和收益率之间的负相关关系被称为"杠杆效应"。当股票收益率下降时，企业的金融杠杆上升，因为债务近似常数而股票市值下降了。这就导致股票风险加大，提高了波动率。波动率升高导致股票收益率降低还有另外一种机制：波动率的提高导致投资者对股票收益率的期望增大，引起股票价格的下滑。[2]

2.1.2.2 动态横截面因子

按照零成本投资组合的方式可以构造出很多种动态横截面因子，国内的很多研究基于这种方法编制出上千种不同的因子，但是按照Fama和French的研究结论，除了行业类因子之外，其余大部分因子之间的相关性非常强，对于美国市场来说，市场因子、规模因子、价值因子、投资因子和盈利因子的有效性较强。[3]

---

[1] Ang, A., M. Brière, and O. Signore. Inflation and Individual Equities. *Financial Analysts Journal*, 2012, 68: 36–55.

[2] Ang, A., R. J. Hodrick, Y. Xing, and X. Zhang. The Cross Section of Volatility and Expected Returns. *Journal of Finance*, 2006, 61: 259–299.

[3] Fama, E., K. French. A Five-Factor Asset Pricing Model. *Journal of Financial Economics*, 2014, 116: 1–22.

相比静态基本面因子，动态横截面因子是可以通过动态调整而实现的，因此其更具有实用价值。市场因子是第一个被公认的风险因子，它代表了市场所有投资者的平均持仓，构造方法与其他横截面因子采用零成本投资组合的方式完全不同，一般采用所有样本股票价格的市值加权求和，并以基准期进行调整。

图2.1是美国股票市场因子1963年6月至2016年9月的历史月度收益率直方图，从图中可以看出，美国的股票市场月度收益率波动在-24%~18%，采用正态分布拟合该收益率序列可知该数据近似服从N(0.5053,19.6199)。如果投资者在这50多年中一直持有市场平均投资组合，那么他们最大承受的月度损失接近24%。图2.2是持有市场因子的投资者从1963年6月至2016年9月的单位净值变化，从图中可以看出1996年进入互联网繁荣期之后，市场波动加大，2001年9月互联网泡沫破裂后出现一次深度的回调，2003年4月股市再次回暖，2007年11月次贷危机引起的金融危机爆发，市场再次坠入谷底，直到2009年2月美国开始实施大规模量化宽松政策，至今总体处于上涨状态。

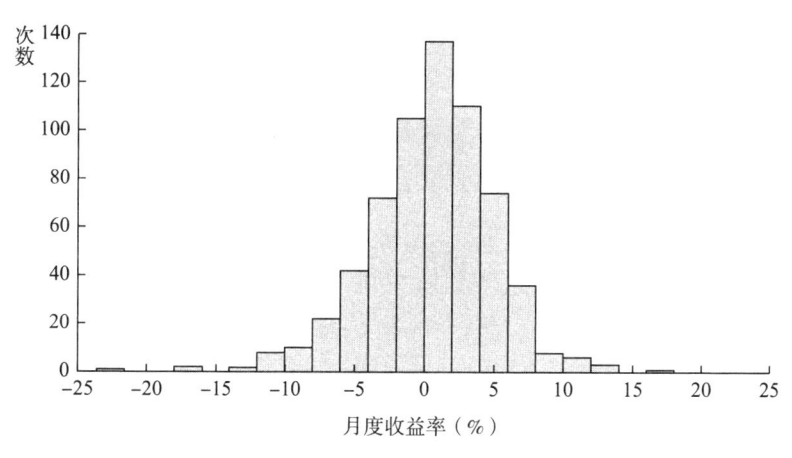

图 2.1 美国股票市场因子月度收益率直方图

资料来源：http://mba.tuck.dartmouth.edu/pages/faculty/ken.french/data_library.html。

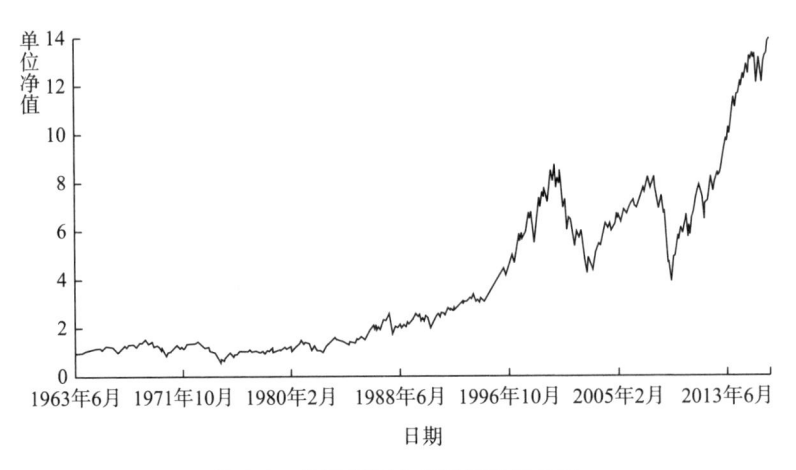

图 2.2 美国股票市场因子净值曲线

注：1963 年 6 月的单位净值为 1。

资料来源：http://mba.tuck.dartmouth.edu/pages/faculty/ken.french/data_library.html。

由此可以看出，市场风险因子能够体现宏观经济环境、货币政策的长期变化趋势，是基本面因子对资产价格影响的一种直观反映，持有市场因子投资组合相当于持有宏观经济变量对资产价格的影响。

图 2.3 给出了美国股票规模因子和价值因子 1963 年 6 月至 2016 年 9 月的历史月度收益率直方图。规模因子和价值因子是 Fama 和 French 首先引入的两种风险因子，采用零成本投资组合的形式构造，并且按照固定期限进行持仓调整，是一种动态的市场中性投资组合。①

尽管很多人认为规模因子和价值因子作为市场中性的投资策略是没有风险的，但事实上在某些时期，这些因子也会带来损失，具体见图 2.4 给出的美国股票市场因子、规模因子和价值因子的净值曲线对比。

在 Banz 和 Reinganum 的研究成果发表之后的 1983 年 8 月，规模组合的净值达到最高，之后，经市场因子调节的小市值股票的超额收益消

---

① Fama 和 French 构造规模因子和价值因子的方式参见 http://mba.tuck.dartmouth.edu/pages/faculty/ken.french/Data_Library/f-f_factors.html。

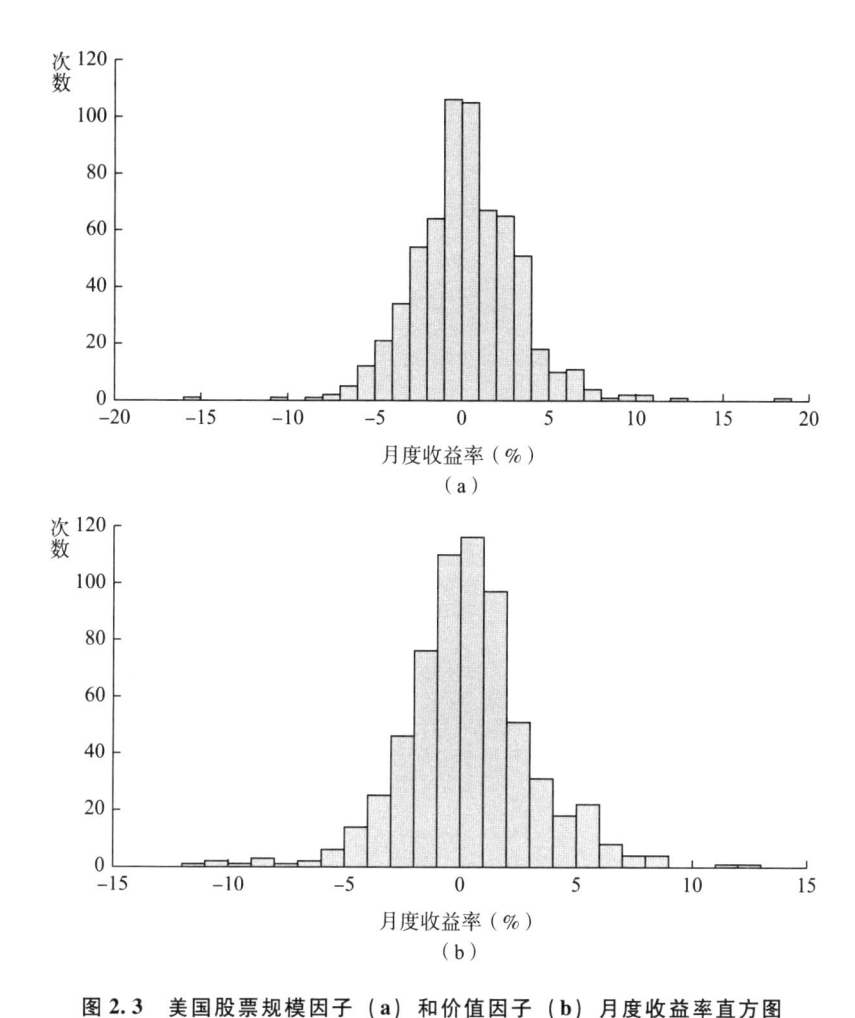

图 2.3 美国股票规模因子（a）和价值因子（b）月度收益率直方图

资料来源：http://mba.tuck.dartmouth.edu/pages/faculty/ken.french/data_library.html。

失了，在 2000 年之后才再次出现。[1] 20 世纪 80 年代中期之后的国际数据也表明了同样的情况，Fama 和 French 发现国际数据证实规模溢价不

---

[1] Banz, R. The Relationship between Return and Market Value of Common Stocks. *Journal of Financial Economics*, 1981, 9: 3-18; Reinganum, J. Market Structure and the Diffusion of New Technology. *Bell Journal of Economics*, 1981, 12 (2): 618-624.

复存在。① 很明显,1983年8月之后持有规模因子投资组合的投资者将会面临近20年的亏损,这就是规模因子存在的风险。

对于规模效应的消失有两种不同的解释。第一种解释是关于规模溢价的原始研究可能存在数据过度拟合的情况。Black在研究FF3模型的论文发表后立即指出了这一点:研究者获得的结果中95%是统计不显著模型的,而只公开5%统计显著的结果。过度拟合造成的结果是,在样本内构造模型时发现效应是显著的,而在实际应用时效应是完全不显著的。② 第二种解释是规模效应实际存在,但是投资者的理性行为和主动投资者对于新消息的反应等因素会哄抬小规模股票的价格,直到规模效应消失。规模效应的消失是近似有效市场理论的最好证明。从这个角度说,规模因子并不值得被看作系统性因子,应该从FF3模型中删除。③

但是从图2.4中可以看出,规模因子在互联网泡沫破裂之后单位净值有所上升,这种情况与近十几年来高科技公司的快速发展密切相关。与传统行业依靠原材料和大量人力不同,高科技公司主要依赖现代信息技术的发展和创新,初期的市值规模都比较小,随着这些高科技公司不断占领新的市场领域,估值规模也不断扩大,它们逐步进入大市值规模的投资组合,规模因子的收益又开始逐渐降低,并在2013年达到第二个顶点。

与规模因子不同,价值因子的风险溢价是稳健的,无论是从直方图还是从净值曲线上看,价值因子的波动都比市场因子小。尽管价值因子在过去的50年之内都能产生收益,但是仍然在某些时期会表现得不好,例如20世纪90年代初冷战刚结束的经济萧条时期、20世纪90年代末的互联网牛市时期和2007~2008年的金融危机时期。而且,随着近10

---

① Fama, E., K. French. Size, Value, and Momentum in International Stock Returns. *Journal of Financial Economics*, 2012, 105: 457-472.

② Black, F. Beta and Return. *Journal of Portfolio Management*, 1993, 20 (1): 8-18.

③ Ang, A. *Asset Management: A Systematic Approach to Factor Investing*. Oxford University Press, 2014.

图 2.4　美国股票市场因子、规模因子和价值因子的净值曲线

注：1963 年 6 月的单位净值为 1。

资料来源：http://mba.tuck.dartmouth.edu/pages/faculty/ken.french/data_library.html。

年来高科技公司的快速发展，价值因子的收益也开始降低，主要原因同样是受到高科技公司发展的影响。众所周知，高科技公司主要依赖人才和技术的发展，它们的主要资产是无法衡量的无形资产，账面价值很低，因此通常会被归结为成长性公司，在这种情况下价值因子依然对其进行卖空操作是引起收益下滑的主要原因。综上，价值因子也是风险因子的一种。

对于价值溢价的解释主要分为理性和感性两种。价值溢价的理性解释认为，企业投资风险是造成价值溢价的原因。Zhang 采用 Cochrane 提出的基于生产率的资产定价框架，认为价值型企业和成长型企业的不同点在于它们的弹性程度和对市场冲击的反应速度。在差的市场环境中，价值型企业风险大，因为它们受制于更多的非生产性资本。对于价值型企业来说，当环境变差时，它们不能将企业快速转换到更有利可图的领域，因为它们已经被生产工艺、技术和设备等限制了。同时，它们具备高度不对称的调整成本，又无法将技术和设备转化成资本。而成长型企业可以轻易地转行，因为它们雇用了大量前途无量的年轻劳动力，大量的资本只是人力资本而不是生产设备。因此，价值型企业的系统性风险比成长型企业更大，它们能够导致溢价长期存在。[①] 价值溢价的行为解释认为，投资者的行为决定了价值溢价。Barberis 和 Huang 根据两种心理偏差现象，即损失厌恶度和心理账户分析了价值效应。损失厌恶度即投资者在损失中承受痛苦的程度。因为投资者承受损失带来的痛苦大于收益带来的满足，持续的损失比单次的损失更加痛苦。从心理账户的角度来看，投资者每天只考虑投资组合中损失较大和盈利较大的个股，而不是考虑他们整体投资组合的损益。他们认为高账面市值比的价值类股票相对于企业之前的业绩来说，价格处于较低的水平。这种观点否定了那些认为价值类股票风险更大，需要更高的平均收益才去持有的投资者。[②]

图 2.5 给出了美国股票市场因子、盈利因子和投资因子的净值曲线。由图中盈利因子和投资因子净值曲线变化可以看出：两种因子在 Fama 和 French 的研究成果发表之前的变化不是非常明显，这可能是当时它们没有被关注到的主要原因。[③]

上述风险因子各自代表了某一类的投资风格，它们都可能会出现损失，并且每种因子对应的风险期都不完全一致。例如市场因子在 2001 年互联网泡沫破裂之后快速下跌了接近 50%，对于持有市场平均组合的投资者来说是非常痛苦的经历；但是同期的价值因子几乎上涨了 100%，对于持有价值因子的投资者（例如巴菲特）来说，他们会获得丰厚的收益。

通过以上简单的对比，我们可以清楚地发现：各种风险因子引起的风险混合在一起形成了不同特性的"风险期"，市场因子的"风险期"表现为市场投资组合的权益大幅度下降，而价值因子的"风险期"表现为

---

① Zhang, L. The Value Premium. *Journal of Finance*, 2005, 60 (1): 67–103.
② Barberis, N., M. Huang. Mental Accounting, Loss Aversion, and Individual Stock Returns. *The Journal of Finance*, 2001, 56 (4): 1247–1292.
③ Fama, E., K. French. The Cross-section of Expected Stock Returns. *Journal of Finance*, 1992, 47: 427–465.

图 2.5　美国股票市场因子、盈利因子和投资因子的净值曲线

注：1963 年 6 月的单位净值为 1。

资料来源：http://mba.tuck.dartmouth.edu/pages/faculty/ken.french/data_library.html。

价值类公司股票价格出现超出成长类公司股票价格的大幅度下降……在均衡状态下，持有不同投资组合的投资者需要通过赚取各种风险因子的溢价来补偿持有周期中承担的上述各种风险。资产具有风险溢价并不是因为它自身能够赚取风险溢价，而是因为它是包含各种风险因素的集合体，资产对系统性风险因子的敞口和风险因子本身才是风险溢价的主要来源。

2.1.3　因子投资

因子投资首先要明白风险因子收益的来源。因子收益可以从以下两种不同的观点进行分析。

第一种观点从有效市场假说出发。EMH 认为市场是完全有效的，投资者是理性的，而他们的理性预期是一致的，因子是系统性风险的来源，系统性风险是不能被分散投资消除掉的。因此，因子的超额收益来源于多种不同的系统性风险。价值、规模、动量等因子和通胀、增长率等宏观经济因素有关，它们在受到宏观经济环境的冲击影响时，波动会随之加大，风险也随之升高，因此需要得到更高的风险补偿。

第二种观点从行为金融学的角度出发，存在两种主要理论。一种理论认为因子的超额收益来源于投资者由于认知能力上的缺陷，表现出来的系统性偏差，例如过度反应、过度自信、偏好自己曾经工作过的公司、短视的风险厌恶等。如果有足够多的投资者表现出这样一些特征，并且这个套利成本对于理性投资者足够高，就会导致出现一些因子异象。另一种理论认为因子收益和一些由监管或者行业规则导致的限制条件有关。例如，对于不同的投资期限，低流动性的股票在更长的持有周期内（10年以上）可以获得更高的溢价，因为多数投资者的持有周期较短（3~5年），并且偏好持有在短期内流动性更高的股票，因此长期投资者可以获得持有周期内更高的风险溢价。

因子投资中的一个重要元素就是因子的周期性。从图2.4和图2.5可以看出，虽然因子在长期可以提供超额收益，但是短期内表现出很显著的周期性，很多时间段内其他因子的业绩无法战胜市场因子。对大多数投资者而言，其投资周期并不长，很难从因子的长期业绩中获得超额收益。因此在因子配置中最重要的是关于周期性问题的处理，可行的解决方案包括：首先，设置足够长的投资周期，这个看似简单但是最难实现，政府之外的机构投资者的投资周期几乎不能达到15年或者以上；其次，建立择时机制，但是其他因子和市场因子一样，有效择时的难度非常大，大部分时间的决策是错误的，最佳的办法是采用多元化投资，通过同时投资多个因子的组合来分散风险。由于各因子的表现在历史上呈周期性，其业绩的低谷并不会同时出现，因此可以起到良好的风险分散效果。图2.6给出了美国股票市场五种因子和多元化因子投资的净值曲线，多元化因子投资策略同时等额投资五个因子，从图形上看该策略的收益仅次于市场因子，而波动则减小很多，利用夏普比率（Sharpe Ratio，SR）等业绩指标对单一风险因子进行投资和五种因子整体投资的策略评估结果见表2.1。

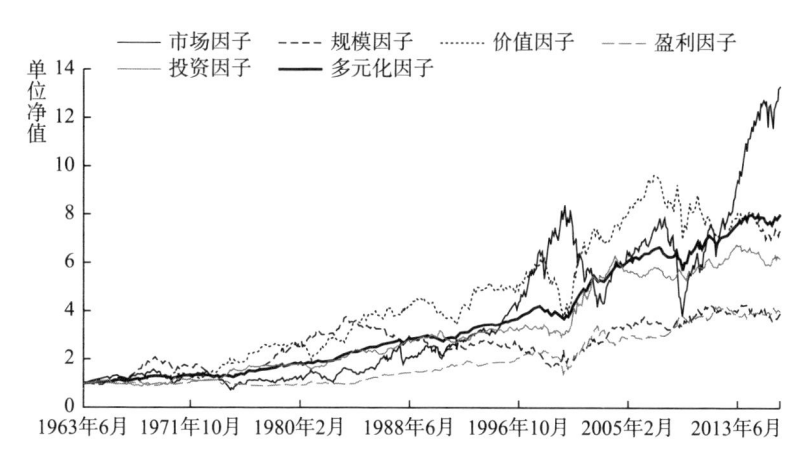

图 2.6 美国股票市场五种因子和多元化因子投资的净值曲线

表 2.1 美国股票市场五种因子和多元化因子投资的业绩指标

指标	市场因子	规模因子	价值因子	盈利因子	投资因子	多元化因子
夏普比率	0.3952	0.2977	0.4318	0.3721	0.5270	0.9622
年化收益率	6.06%	3.13%	4.19%	2.89%	3.66%	3.99%
最大回撤率	−55.71%	−56.96%	−41.40%	−41.76%	−17.55%	−14.75%

无论是从图 2.6 还是从表 2.1 都可以看出，在过去的 50 多年中，虽然市场因子、价值因子和投资因子都能取得不错的收益，但是单一因子都不可能持续获得较高的 SR，这是由于单一因子收益的波动非常大，而将资产平均投资于多个因子的策略（多元化因子投资策略）既能保证具有较高的收益，又减小了收益的波动，取得了接近 1 的 SR，这在成熟市场是非常难得的。因此，我们不仅要研究单一因子的成因和特性，还要将不同的因子结合起来进行投资组合的分析，这就要对各种因子定价模型进行深度的研究。

2.2 因子模型

因子模型是现代资产定价模型的重要理论，它蕴含的理念主要包含以下方面。

1. 为投资者赚取风险溢价的是风险因子，而不是资产

正如在上一节中讨论的，资产对系统性风险因子的敞口能够为投资者赚取风险溢价。正确的因子投资看到的应该是资产背后存在的风险，而不是资产的收益率，只有正确处理风险才能获得收益。合理的做法是在风险大的时候离场，而在风险小的时候入场。

2. 资产是各种系统性风险因子的组合

某些资产本身可以看作因子，例如国债可以看作无风险因子，但是其他资产可能包含多种系统性风险因子：股票、企业债、对冲基金和私有股权包含的权益风险、波动风险、利率风险和违约风险等。因子理论认为这些资产的风险溢价是它们自身包含的系统性风险因子溢价的线性组合，组合权重就是这些资产对于风险因子的敞口。

3. 不同投资者对于系统性风险因子的需求也不相同

不同的投资者需要面对不同的风险因子。以波动率因子为例，根据多年的投资经验可知，很多资产和策略在波动率高的时候会产生亏损。例如2007~2008年金融危机开始发酵时，市场波动率大幅度上升，大部分投资者宁愿不赚钱也不愿意承担这么大的风险，但是仍旧有人愿意在这种时候接盘，很显然，这些投资者一直到2011年之后才能够获得风险溢价的补偿。对于风险厌恶度高的投资者来说，虽然他们在2008~2009年损失了大量的财富，但是如果能够承受得了这些风险，最终还是有机会获得风险溢价的；而对于风险厌恶度低的投资者来说，他们在市场因子权益下降过程中离场就不能取得后来的风险溢价。这种现象说明每个投资者对于不同的风险都具有特殊的偏好或风险厌恶度。

金融学领域对于资产风险溢价和系统性风险因子之间关系的分析主要依赖各种因子模型来实现，经典的因子模型包括CAPM、FF3和C4模型等。与CAPM不同的是，FF3、C4和FF5模型是在横截面上解释投资组合超额收益的来源的。

2.2.1 资本资产定价理论

CAPM 是资本资产定价理论的一次革命，它揭示了资产的风险不是孤立的，而是与其他资产和市场因子作为一个整体联系在一起的。虽然 CAPM 在 50 多年来一直饱受争议，但丝毫不影响它在金融领域内的重要性，它的内在思想至今被大多数投资者所认同。下面首先给出 CAPM 的推导过程。

任何包含 n 种风险资产和无风险资产的投资组合 p 的期望收益和标准差可以写作：

$$ER_p = \sum_{i=1}^{n} w_i ER_i + \left(1 - \sum_{i=1}^{n} w_i\right) r \tag{2.1}$$

$$\sigma_p = \sqrt{\sum_{i=1}^{n} w_i^2 \sigma_i^2 + 2 \sum_{i=1}^{n} \sum_{\substack{j=1 \\ j \neq i}}^{n} w_i w_j cov(R_i, R_j)} \tag{2.2}$$

其中，w_i 为在风险资产 i 上分配的资金比例，R 表示风险资产的收益。而 CAPM 是线性规划式（2.3）的解：

$$\min \sigma_p \quad \text{s.t.} \ ER_p = constant \tag{2.3}$$

式（2.3）对应的拉格朗日方程为：

$$L = \sigma_p + \lambda \left[ER_p - \sum_{i=1}^{n} w_i ER_i - \left(1 - \sum_{i=1}^{n} w_i\right) r \right] \tag{2.4}$$

分别对 $w_i (i=1,\cdots,n)$ 计算一阶条件，再对应乘以 w_i 并求和可得：

$$\sigma_p = \lambda \left[\sum_{i=1}^{n} w_i ER_i - \sum_{i=1}^{n} w_i r \right] = \lambda \left[\sum_{i=1}^{n} w_i ER_i + \left(1 - \sum_{i=1}^{n} w_i\right) r - r \right] \tag{2.5}$$

当 n 代表全市场所有资产的数量，且 $\sum_{i=1}^{n} w_i = 1$ 时，有：

$$\sigma_m = \lambda (ER_m - r) \tag{2.6}$$

$$1/\lambda = (ER_m - r)/\sigma_m \tag{2.7}$$

其中，m 代表市场平均投资组合，$ER_m = \sum_{i=1}^{n} w_i ER_i$。第 i 项资产的期望收益为：

$$ER_i = r + \frac{ER_m - r}{\sigma_m^2} \left[w_i \sigma_i^2 + \sum_{\substack{j=1 \\ j \neq i}}^{n} w_j cov(R_i, R_j) \right] \qquad (2.8)$$

又因为

$$cov(R_i, R_m) = cov\left(R_i, \sum_{j=1}^{n} w_j R_j\right) = w_i \sigma_i^2 + \sum_{\substack{j=1 \\ j \neq i}}^{n} w_j cov(R_i, R_j) \qquad (2.9)$$

所以式（2.8）可以改写为：

$$ER_i = r + \frac{ER_m - r}{\sigma_m^2} cov(R_i, R_m) \qquad (2.10)$$

式（2.10）即资产 i 在均衡状态下期望超额收益的 CAPM 形式。资产 i 对于市场因子收益率①的系数为：

$$\beta_i = \frac{cov(R_i, R_m)}{\sigma_m^2}$$

这反映了资产 i 与市场投资组合收益之间协同变化的程度，也被称为资产 i 对市场因子的敞口或暴露度（Exposure）。当 $\beta_i = 0$ 时，该资产是无风险资产；当 $0 < \beta_i < 1$ 时，该资产收益率的波动比市场因子小；当 $\beta_i = 1$ 时，该资产就是市场因子，也可以看作市场平均投资组合；当 $\beta_i > 1$ 时，该资产收益率的波动比市场因子大。

由以上推导过程可以看出，CAPM 基于市场因子和资产对市场因子的敞口，这个市场因子应该是全球范围内各种资产的超额收益率的综合，而在实践中，通常采用某个具有广泛覆盖的市值加权股票指数的超额收益率作为市场因子，例如上证综指。于是，在确定了市场因子之后，可以利用式（2.11）对资产的历史超额收益进行 CAPM 回归：

---

① 市场因子收益率就是市场平均投资组合的超额收益率。

$$r_p(t) = \alpha_p + \beta_p r_m(t) + \varepsilon_p(t) \tag{2.11}$$

其中，$r_p(t) = R_p(t) - r$ 为资产 p 的超额收益序列，$r_m(t) = R_m(t) - r$ 为市场因子。由此可以得到历史的 α_p 和 β_p，尽管有研究表明资产的值具有均值回归的趋势，通过计算不同时期的 β 值可以得到比较准确的估计值，但是本书的研究发现，资产的市场因子 β 值和其他因子的系数并没有均值回归的趋势。

CAPM 作为资产管理领域的重要模型，它的价值不仅仅在于对资产进行定价和收益预测，更重要的是它蕴含的风险溢价理念：首先，投资者持有资产就是持有该资产所包含的风险因子，持有资产时承担的必要风险会得到对应的补偿；其次，每位投资者根据自身的风险需求持有不同的投资组合；再次，投资组合对风险因子的敞口体现了投资组合的风险程度；最后，风险因子产生亏损的时期是该因子的"风险期"，此时能够取得收益的资产都是低风险溢价的。

2.2.2 阿尔法收益

正是由于 CAPM 的出现，资产管理行业才开始区分投资经理获取的是阿尔法收益还是贝塔收益。贝塔收益要承受市场波动的风险，因此在近些年全球金融市场动荡的大环境下越来越不受欢迎，很多金融机构甚至直接否定这种投资方式；而阿尔法收益则在理论上可以避免承受市场波动的风险，因而受到各类投资者的欢迎。但是在真正的投资实践中，能够获得长期、显著为正的阿尔法收益的基金机构和投资经理少之又少，因此，正确理解阿尔法收益的来源和掌握阿尔法收益的计算方法非常重要。

Jensen 提出采用基金经理投资组合的异常收益（Abnormal Return）作为投资绩效的判断标准——"詹森阿尔法"（Jensen alpha），它的具体计算方法是在 Treynor CAPM 的基础上，利用基金收益和市场收益的历史数据进行回归，并以截距项（alpha）的值作为一个投资组合的收益超过其风险溢价的水平,通过这个截距项的统计显著性、正负符号等来判断基金经理的投资水平。[1] 詹森阿尔法也被称为"主动管理收益",它的值越高,说明基金经理的选股和择时能力越强,基金的盈利能力也越强。

根据式(2.11),投资组合的收益率可以分解为投资组合风险溢价 $\beta_p r_m(t)$ 与残差收益率 $\theta_p = \alpha_p + \varepsilon_p(t)$,$\theta_p$ 中的 α_p 是平均残差收益率,$\varepsilon_p(t)$ 是均值为 0 的随机误差项。在这个公式中,业绩基准为市场因子,残差收益率是收益率数据中与业绩基准不相关的部分。因此,从历史数据的角度看,阿尔法是已经实现的残差收益率的平均值;而从预测的角度看,阿尔法是对未来残差收益率的预测。同时,业绩基准的选择对于计算投资组合的阿尔法至关重要,没有合适的业绩基准就无法判断一个投资组合的好坏。业绩基准既可以选择市场因子,也可以选择市场因子、规模因子等风险因子的不同组合。

在目前的实践中,很多人将阿尔法收益看作每一期投资组合收益与当期某一市场指数收益的差值,例如主要从创业板选股投资的基金经理将沪深 300 指数作为他的业绩基准。这种理解是错误的,原因在于以下几点。

首先,阿尔法是一个长期的概念。投资组合收益进行收益来源分解的时候需要进行线性回归,对数据量是有要求的。一般来说,数据长度越长,回归的结果越可信。

其次,阿尔法是一个估计值。阿尔法是通过线性回归估计出的常数项,因此它是随机的,常用的绝对收益阿尔法指的是该估计值的均值。由于它是估计值,所以还有一个显著性的问题,并不是回归得到正的阿尔法就能说明投资策略具有盈利能力。

最后,业绩基准的选择也会影响阿尔法的结果。不同的投资策略对

---

[1] Jensen, M. The Performance of Mutual Funds in the Period 1945 – 1964. *Journal of Finance*, 1968, 23 (2): 389 – 416.

应的业绩基准也不一样,价值投资策略的业绩基准不但要考虑市场因子,还应该考虑价值因子,否则无法体现出超过这些风险因子的主动管理能力。同样,选择市场指数作为业绩基准时,也应该将备选的股票池进行对应。

2.2.3 套利定价理论

Ross 提出的 APT 采用了"套利"(Arbitrage)一词,他认为资产除了要面对市场风险之外还要面对其他的风险,而带来这些风险的基础因子(或者系统性因子)与市场因子一样,不能通过套利或者多元化投资分散风险。在均衡状态下,投资者需要面临多种来源的风险,当然也可以获得多种来源的溢价。[①]

APT 假设投资组合的超额收益来自 K 种基本风险因子,它们之间的关系可以表示为:

$$r_p = \sum_{k=1}^{K} \beta_{p,k} r_k + u_p \tag{2.12}$$

其中,$\beta_{p,k}$ 为投资组合 p 对第 k 种风险因子的敞口;r_k 为风险因子 k 的收益率;u_p 是投资组合收益率中无法被风险因子解释的部分。

APT 的结论基于无法通过套利获取额外收益的推理,如果式(2.12)的关系不成立,则可以找到一个对所有风险因子的敞口都为 0 并且预期超额收益为正的投资组合,由于该投资组合对于所有的风险因子的敞口都是 0,所以可以在不承担任何风险的前提下获得确定的正收益,这个收益就是确定性的套利机会。而很多研究结果否认市场存在这种长期的确定性的套利机会,因此 APT 是成立的。

根据 APT 可知,对于任意一组股票样本空间,例如沪深 300 指数,都存在一个由全体股票构成的投资组合均值-方差有效前沿和一个具有

[①] Ross, S. The Arbitrage Theory of Capital Asset Pricing. *Journal of Economic Theory*, 1976, 13: 341–360.

最高夏普比率的组合 Q。由于股票样本空间内任何股票的预期超额收益率都与组合 Q 的收益成比例，只要知道了这个组合 Q 的信息，就可以计算出任意一个组合的预期收益率。CAPM 中的组合 Q 就是市场组合。因此，在所有与组合 Q 具有相同的风险因子敞口的投资组合中，组合 Q 的风险最低，找到它的核心是要能够捕捉资产在不同维度上的行为差异。[①]

目前开发 APT 的方法主要分为两大类：结构化模型和统计模型。结构化模型假设特定变量之间存在某种关系，这些变量通常有自身的经济学意义或者确定的构造方法，例如宏观经济变量（利率变化、GDP 增速、通胀率等）、基本面数据（净资产回报率、盈利增长率等）、市场相关（行业分类等）。在统计模型流行之前，国内大部分机构采用这种结构化模型的方法，这种模型的最大好处就是这些变量具有经济学意义，能够使模型符合研究者的经验和直觉。统计模型是利用数据挖掘技术对数据进行拆解，进而将获取的各种因子作为收益的解释变量，通常采用的方法是主成分分析（Principle Component Analysis，PCA）和最大似然因子分析（Maximum Likelihood Factor Analysis）等。利用统计模型方法获得的因子通常不具备经济学意义，而且有过度拟合的嫌疑，虽然在进行样本内或者历史数据回归时效果很好，但是预测能力相对较差。

2.2.4 多因子模型

上一节提到结构化模型是通过宏观经济变量、基本面数据和市场相关等变量构造因子的，这些变量可以细分上百种不同的类型，因此在 APT 基础上可以构造无数个多因子模型，目前最著名的模型有 FF3、C4 和 FF5 模型。

Fama 和 French 在对美国股票市场股票收益的横截面差异进行研究时发现，股票的市场风险因子敞口不能完全解释收益差异，而投资组合

---

① Goetzmann, W., R. Grinold, R. Kahn. Active Portfolio Management. *Journal of Finance*, 2000, 7 (51).

收益对规模、盈利市值比、分红盈利比和账面市值比等单变量的检验表明，它们也都具有很强的解释力。他们通过多变量联合检验发现，规模和账面市值比联合起来可以很好地吸收市场因子、盈利、分红、规模和价值对股票收益差距的影响。他们提出用投资组合的收益代替个股收益进行研究可以获得更为准确的分析结果，而且采用了零成本投资组合构造风险因子。

三因子模型可以表示为：

$$r_p - r_f = \beta_{Mkt}(r_m - r_f) + \beta_{SMB}SMB + \beta_{HML}HML + \varepsilon \qquad (2.13)$$

其中，$r_p - r_f$ 为投资组合超额收益，$r_m - r_f$ 为市场因子，是市场平均投资组合相对于无风险资产的超额收益；SMB 为规模因子，代表小市值股票相对于大市值股票的超额收益；HML 为价值因子，代表高账面市值比股票相对于低账面市值比股票的超额收益。[①] 三个因子的系数分别代表投资组合对这三种风险因子的敞口。[②]

在规模和价值因子确定之后，就可以通过线性回归的方法对三个 β 值进行估计。对于 Fama 和 French 当时使用的样本来说，这种方法可以解释90%以上不同多元化投资组合的横截面超额收益。他们发现小市值、高账面市值比和相关比值的股票具有正收益；通过检验市场因子和规模因子，他们发现高超额收益与小规模和大市场因子敞口有关；在控制规模因子后超额收益和市场因子敞口无关。[③]

2014年，Fama 和 French 扩展了 FF3 模型，加入了盈利因子和投资因子，用以捕捉企业盈利能力和投资水平带来的超额收益：

$$r_p - r_f = \beta_{Mkt}(r_m - r_f) + \beta_{SMB}SMB + \beta_{HML}HML + \beta_{RMW}RMW + \beta_{CMA}CMA + \varepsilon \qquad (2.14)$$

[①] 具体构造方法见 http://mba.tuck.dartmouth.edu/pages/faculty/ken.french/data_library.html。
[②] 除了市场因子系数 β_{Mkt} 之外的 β_{SMB} 和 β_{HML} 等又被称为"Smart Beta"。
[③] Fama, E., K. French. The Cross-section of Expected Stock Returns. *Journal of Finance*, 1992, 47: 427-465.

在利用 1963～2013 年美国股票市场数据进行验证的过程中，他们发现加入这两个新的因子之后，价值因子可以用其他四个因子进行解释，尤其是能被盈利因子和投资因子解释，所以剔除价值因子不会对回归的截距项有影响。虽然 GRS 统计量表明，FF5 模型并不能完全描述股票的期望收益率，但是依然可以解释 71%～94% 的不同组合收益率在横截面水平上的差异。FF5 模型的 GRS 统计量值小于 FF3 模型，回归的截距项（代表异常收益）的绝对值也小于 FF3 模型，说明 FF5 模型的解释能力要优于 FF3 模型。①

C4 模型在 FF3 模型的基础上增加了动量因子（UMD）：

$$r_p - r_f = \beta_{Mkt}(r_m - r_f) + \beta_{SMB}SMB + \beta_{HML}HML + \beta_{UMD}UMD + \varepsilon \qquad (2.15)$$

动量因子定义如下：在第 t 期时，将所有股票按照从 $(t-13)$ 期到 $(t-2)$ 期的累积收益进行排序，最高 30% 分位的全部股票构造为赢家组合，最低 30% 分位的所有股票构造为输家组合，赢家组合减去输家组合的收益率即为当期动量因子的收益率，这说明动量因子也是一种零成本投资组合。②

以上不同的因子模型均采用了股票特定属性的超额收益作为因子，这些因子都能够通过构造零成本投资组合来实现。很多国际知名的主动管理基金和共同基金采用这些模型进行投资和选股，比较著名的是 MSCI 采用的 Barra 多因子投资策略。Barra 多因子投资策略的目标是捕捉不同类型的股票风险溢价，策略的理论基础是 CAPM、APT 和 FF3 模型。根据 MSCI 的研究，尽管很多因子可以在解释股票风险和收益的时候显示出显著的有效性，但并不是所有的因子都可以在利用 CAPM 进行定价的同时捕捉到溢价。因子溢价代表了投资组合给不同风险来源的敞

---

① Fama, E., K. French. A Five-Factor Asset Pricing Model. *Journal of Financial Economics*, 2014, 116: 1-22.
② Carhart, M. On Persistence in Mutual Fund Performance. *The Journal of Finance*, 1997, 52 (1): 57-82.

口能够带来的长期收益,如果因子不能带来长期收益,那么该因子就不能用来进行因子投资。MSCI 给出的六种有效因子分别是:价值、小规模、低波动率、高分红、质量和动量。[①]

2.3 研究中存在的缺陷

尽管学界对于资产定价因子模型的研究已经非常深入,而且在实践中也有广泛的应用,但是传统的研究方法其实存在很多缺陷,造成不断有学者利用实证研究来试图否定或者改进因子模型,这些在文献综述中已经提到过。之所以存在这么多问题,原因主要可以归类如下。

首先,对于因子模型的实证研究学者大多采用线性回归方法,而用来进行实证研究的收益率序列往往不能满足线性回归的古典假设。主要表现在以下几点:第一,不论是单只股票还是投资组合的历史收益率都包含大量的样本误差和交易噪声,这就使得解释变量和被解释变量数据序列的峰度和偏度统计量会产生变形,无法通过正态性检验;第二,收益率序列一般不是平稳序列,可能存在自相关;第三,收益率序列数据的产生过程不是完全线性的。因此,利用这种数据直接进行回归时,可能会造成线性回归拟合结果有偏,进而影响对整体回归结果的分析。

其次,线性回归对于数据集的选择非常敏感,当采用不同时间跨度和频率的数据时,即使是同样的方法也可能会得到截然不同的结果,同样投资组合的 Beta 值可能在一个时间段内是显著的,而在另外一个时间段内又不显著了。Ang 和 Chen 的研究表明,价值因子在 20 世纪上半叶是无法解释组合收益的,FF3 模型的研究存在数据选择偏差,应该将价值因子从 FF3 模型中去除。[②] 尽管这种观点也可能存在数据选择偏

[①] 引自 https://www.msci.com/research/factor-investing。
[②] Ang, A., J. Chen. CAPM over the Long Run: 1926-2001. *Journal of Empirical Finance*, 2007, 14 (1): 1-40.

差，但是这反映了实证研究过程中数据选择的重要性。

最后，以往研究中所谓的动态分析只是对线性回归增加一个固定的滚动窗口再进行估计，这种研究方法得到的结果反映的只是数据采样结果的不同，不能及时地反映市场各种突发信息引起的内在结构变化。而且如果窗口宽度不够的话，数据样本长度就会受限制，更加不可能满足数据的正态性等要求，连续进行线性回归的结果也很难让人信服。

因此，研究因子模型需要对传统的线性实证方法进行改进，将影响市场的各种信息以及市场结构的变化纳入模型的研究范围。

以上问题之所以存在，很大程度上是受当时的研究条件所限，包括研究方法、数理模型和计算能力等。近年来，随着金融学与信息学、物理学等学科的融合，以及计算机技术的发展，金融学的研究方法逐渐由线性向非线性转变，对于金融现象的研究视角也从只关注数据变化到关注系统本身的状态。小波分析方法、状态空间模型、贝叶斯模型平均、神经网络等的深入研究为资产定价模型的研究注入了新的活力，使我们能够从更高、更宽、更深层的角度处理这些已经存在的问题。

接下来的两章将利用这些新方法对资产定价模型进行研究，第3章先采用小波分析的方法对CAPM、FF3和FF5模型进行多时间尺度分析，以验证因子在不同时间尺度上的有效性和因子有效性在长期的变化情况；第4章引入一种稳健的可变参数模型对FF5模型进行研究，主要是为了验证和寻找不同投资组合与多种风险因子之间是否存在长期稳定的关系。

第 3 章
资产定价模型的小波分析

信号是指反映信息的各种物理量，它是信息的表现形式或载体，而信息则是信号的内容。工程上一般把信号表示为一个或者若干个变量的函数或者时间序列的形式。对于能量有限信号来说，只要它能够满足狄利克雷条件，就可以将它分解成正交函数的线性组合。比较经典的算法包含傅里叶变换[1]（Fourier Transform）和小波分析（Wavelet Analysis），它们都可以将信号分解到多个不同的频率上，进而对不同频率上的情况进行分析。

证券市场中存在不同交易频率的投资者，有的进行日内回转交易，有的每周调整一次仓位，有的每月甚至半年调整一次仓位。这些不同频率上的交易行为信息产生的信号叠加在一起就产生了金融时间序列的波动和不同频率上的差异。很多实证研究也证实了这种情况的存在：Levhari 和 Levy 指出采用短周期数据会造成 CAPM 估计出的市场风险系数有偏[2]；Handa 等指出如果考虑不同的收益统计周期，对于同一只股票可能会有不同的市场风险系数[3]；Handa 等指出采用月度收益数据能

---

[1] 傅里叶变换是现代信号处理和商业周期理论分析的基础工具。
[2] Levhari, D., H. Levy. The Capital Asset Pricing Model and the Investment Horizon. *Review of Economics and Statistics*, 1977, 59.
[3] Handa, P., S. Kothari, and C. Wasley. The Relation between the Return Interval and Betas: Implications for the Size Effect. *Journal of Financial Economics*, 1989, 23: 79–100.

够拒绝 CAPM，但采用年度数据则不能拒绝 CAPM[①]；Ang 和 Chen 指出市场风险系数是动态变化的，采用不同时间区间或者时间周期的数据可能会产生不同的结果[②]。

上述研究大都集中在 CAPM 上，也获得了很多新颖的结论，能够解释一些金融市场中存在的特殊现象，但是目前对于经典模型之间解释能力差异的比较和分析的文献较少，也缺乏对其他风险因子系数在不同时间尺度间变化情况的研究。因此，本章采用最大叠加离散小波变换对 CAPM、FF3 和 FF5 模型等进行多时间尺度研究，为了便于和以往研究进行比较，采用了 French 教授网站的数据。

3.1 金融多时间尺度分析

基于多时间尺度的金融时间序列分析在近些年取得了大量成果，学术界和业界的很多研究者致力于利用各种多时间尺度分析的方法解释金融现象和资产收益。在这些研究方法中，出现了从最初只采用简单线性回归的数学计量方法到采用物理学、信息学和应用心理学等学科中复杂模型和算法的重大变革，其中就包含对于异质性投资者行为的研究，受到广泛关注的一种方法就是小波分析理论与金融理论的结合。

金融市场中投资者的异质性包含不同的消费需求、风险承受能力、信息获取和处理能力、制度约束和信念等，这些异质性与他们的投资行为密切相关。例如，突发的负面消息可能会导致短期和高风险厌恶的投资者卖出股票，而长期和高风险偏好的投资者可能会认为由此引起股价的短暂下跌是加仓的好时机。因此，投资行为的异质性是投资者对市场

[①] Handa, P., S. Kothari, and C. Wasley. Sensitivity of Multivariate Tests of the Capital Asset Pricing to the Return Interval Measurement. *Journal of Finance*, 1993, 48: 15-43.

[②] Ang, A., J. Chen. CAPM over the Long Run: 1926-2001. *Journal of Empirical Finance*, 2007, 14 (1): 1-40.

信息反应的异质性结果。一般来说，制度约束是造成投资界限异质性的主要原因，例如社保基金和政府投资基金通常是长期投资。市场总体的买卖平衡保证了市场的流动性，而这些行为反映了投资者对于信息的获取能力和不同理解。

由于不同类别交易者之间进行交易决策的时间尺度不一致，所以在这些不同的时间尺度上，决定市场动态结构的变量之间的关系也会发生变化。但是，已有的研究大多仅仅关注两个时间尺度——短期（Short-run）和长期（Long-run），这种时间尺度分类的原因很大可能在于缺乏实证的研究工具。而小波分析的出现能够弥补这种技术上的欠缺，因此现在有很多实证经济学家采用小波分析进行多时间尺度分析。

尽管相应的论文出现了很多，但是小波分析仍然是经济和金融研究中的新领域，具有广阔的研究前景。目前经济和金融领域的小波分析研究可以分为四大类：普通小波变换、稳定过程检验（长记忆模型）、小波去噪和方差/协方差分析。Ramsey 和 Zhang 对长记忆模型中的自相似性进行了研究，指出小波分析可以有效地处理汇率和股票市场数据中经常出现的不稳定序列（包括二阶不稳定序列），他们认为导致这些序列不稳定的原因是原始序列受到了不同频率的交易行为的影响，这种现象体现了金融领域内存在的时间尺度异质性[1]；Jensen、Tkacz、Whitcher 和 Jensen 将普通最小二乘法扩展成小波变换的形式[2]；Jensen 研究了小波最大似然估计方法[3]；Percival 和 Walden、Gencay 等分别提出了利用

---

[1] Ramsey, J., and Z. Zhang. The Analysis of Foreign Exchange Data Using Waveform Dictionaries. *Empirical Finance*, 1995, 4: 341-372.

[2] Jensen, M. Using Wavelets to Obtain a Consistent Ordinary Least Squares Estimator of the Long-memory Parameter. *Journal of Forecasting*, 1999, 18 (1): 17-32; Tkacz, G. Estimating the Fractional Order of Integration of Interest Rates Using a Wavelet OLS Estimator. Working Papers, 2000, 5 (1): 1068; Whitcher, B., M. Jensen. Wavelet Estimation of a Local Long Memory Parameter. *Exploration Geophysics*, 2000, 31 (2): 94-103.

[3] Jensen, M. An Alternative Maximum Likelihood Estimator of Long-memory Processes Using Compactly Supported Wavelets. *Journal of Economic Dynamics and Control*, 2000, 24: 361-387.

小波变换进行多时间尺度方差/协方差分析的研究框架[1]，Gencay 等、In 和 Kim 都利用这个研究框架进行研究[2]；Gencay 等首先利用小波分析的方法对美国、德国和英国的股票市场进行多时间尺度的 CAPM 系统性风险研究，验证了投资组合收益与市场风险之间的关系随着时间尺度增加而增强[3]；In 等通过对 CAPM 和 FF3 模型进行小波分析给出了资产错误定价的一种解释[4]。

本研究的目的一方面是进一步验证投资组合收益与不同风险因子之间的关系是否也随着时间尺度增加而增强，另一方面是要对 CAPM、FF3 和 FF5 模型进行横向对比，验证 FF3 和 FF5 模型加入的新因子能否在多个时间尺度上同时提高对于投资组合截面收益的解释能力。

3.2　小波变换与多分辨分析

小波分析是 20 世纪 80 年代中期由法国科学家 Grossman 和 Morlet 在进行地震信号分析时提出的，他们指出小波集是能量有限空间的基[5]；Mallat 基于多分辨分析（Multi-Resolution Analysis，MRA）的思想提出了 Mallat 算法[6]。此后小波分析被广泛应用于微分方程求解、模式识

---

[1] Percival, D., A. Walden. *Wavelet Methods for Time Series Analysis*. Cambridge University Press, Cambridge, 2000; Gencay, R., F. Selcuk, and B. Whitcher. *An Introduction to Wavelets and Other Filtering Methods in Finance and Economics*. Academic Press, San Diego, 2001.

[2] Gencay, R., F. Selcuk, and B. Whitcher. Systematic Risk and Time Scales. *Quantitative Finance*, 2003, 3: 108 – 160; Gencay, R., F. Selcuk, and B. Whitcher. Multiscale Systematic Risk. *Journal of International Money & Finance*, 2005, 24 (1): 55 – 70; In, F., and S. Kim. The Hedge Ratio and the Empirical Relationship between the Stock and Futures Markets: A New Approach Using Wavelet Analysis. *Journal of Business*, 2006, 79: 799 – 820.

[3] Gencay, R., F. Selcuk, and B. Whitcher. Multiscale Systematic Risk. *Journal of International Money & Finance*, 2005, 24 (1): 55 – 70.

[4] In, F., S. Kim, and R. Faff. Explaining Mispricing with Fama-French Factors: New Evidence from the Multiscaling Approach. *Applied Financial Economics*, 2010, 20 (4): 323 – 330.

[5] Grossman, A., J. Morlet. Decompositions of Hard Functions into Square Integrable Wavelets of Constant Shape. *SIAM Journal on Mathematical Analysis*, 1984, 15 (4): 723 – 736.

[6] Mallat, S. *Multiresolution Representations and Wavelets*. University of Pennsylvania, 1988.

别、图像处理等方面,被称为继傅里叶变换后的又一个重大发现。

对于一组时间序列数据来说,傅里叶变换是将信号分解成一系列不同频率正弦波的叠加,不能刻画数据的局部特征①,并且对于非平稳序列数据的处理效果不佳;小波分析是将信号分解为一系列小波函数的叠加,这些小波函数都是从同一个母小波函数经过平移和伸缩得来的,具有良好的局部化性质,可以通过改变时间尺度对序列的任何细节进行局部的时频分析,并且利用小波多分辨分析可以同时处理不同时间尺度上的信号。

首先考虑连续小波变换(Continuous Wavelet Transform,CWT)的情况。与傅里叶变换类似,CWT可以记作小波函数 ψ(scale,position,t)与另外一个 L^2($\mathbb{R}$)连续信号的积分:

$$C(scale, position) = \int_{-\infty}^{+\infty} x_t \psi(scale, position, t) \mathrm{d}t \tag{3.1}$$

变换后的系数 C 是一个以尺度和位置为自变量的函数,尺度变量 scale 可以将 $\psi(t)$ 进行伸缩,位置变量 position 可以将 $\psi(t)$ 进行平移,尺度和位置变量可以是时间序列 x_t 容许的任意组合,将函数 C 乘以对应的小波函数并积分可以得到原始信号 x_t。函数 C 实际上刻画了原始信号在尺度 scale 上的位置 position 处能量的大小。如果信号是连续变量的函数,变换函数也是两个连续变量的函数,根据 Lewis 和 Burrus 的研究②,CWT 可以表示为:

$$F(a,b) = \int x_t \psi\left(\frac{t-a}{b}\right) \mathrm{d}t \tag{3.2}$$

CWT 的反变换 ICWT(Inverse CWT)可以表示为:

---

① 傅里叶变换能够简单描述一些局部特征,但是实用性不如小波分析。
② Lewis, J., C. Burrus. Approximate Continuous Wavelet Transform with an Application to Noise Reduction. IEEE International Conference on Acoustics, Speech and Signal Processing. IEEE Xplore, 1998, 3: 1533-1536.

$$x_t = \iint F(a,b)\psi\left(\frac{t-a}{b}\right)\mathrm{d}a\mathrm{d}b \tag{3.3}$$

其中，$\psi\left(\frac{t-a}{b}\right)$ 是基础小波函数，$a, b \in \mathrm{R}$ 是实数连续变量。

为了同时捕捉到信号的高频和低频变化情况，小波变换的基础小波集必须用尺度函数（Scale Function，又称"父小波函数"）和小波函数（Wavelet Function，又称"母小波函数"）进行构造，对应的数学符号分别为 $\varphi(t)$ 和 $\psi(t)$。其中，尺度函数刻画了某一时间尺度上的长期趋势变化，其与坐标轴之间的面积为 1，即 $\int_{-\infty}^{+\infty}\varphi(t)\mathrm{d}t = 1$；小波函数被用来描述该时间尺度上的短期趋势（细节）变化，一般地，小波函数 $\psi(t) \in L^2(\mathbb{R})$，其傅里叶变换形式为 $\hat{\psi}(\omega)$，需要同时满足容许条件式（3.4）、正交性条件式（3.5）和震荡条件式（3.6）：

$$C_\psi = \int_0^{+\infty} \frac{|\hat{\psi}(\omega)|}{\omega}\mathrm{d}\omega < \infty \tag{3.4}$$

$$\int_{-\infty}^{+\infty} \psi(t)\mathrm{d}t = 0 \tag{3.5}$$

$$\int_{-\infty}^{+\infty} \psi^2(t)\mathrm{d}t = 1 \tag{3.6}$$

式（3.4）只是为了保证函数 C 在积分区间内是连续或者只有有限个断点；式（3.5）是正交性条件，它意味着在同样时间尺度上经过平移的小波函数之间存在正交关系，并且不同时间尺度上的小波函数互相正交。该条件非常重要，在利用滤波器组实现小波变换的时候，它意味着分解滤波器组的逆矩阵正好是它们自身的转置，这样在进行分析和合成的时候只需要一个小波函数就可以了。常用的小波基有 Haar 小波、Daubechies（dbN）小波、墨西哥帽（Mexican Hat）小波、Morlet 小波和 Meyer 小波等。

在进行金融时间序列分析的时候，由于数据的长度有限，而且金融数据是固定间隔的离散数据，所以只有一部分的尺度和位置变量是有效的，因此要将 CWT 转变为离散小波变换（Discrete Wavelet Transform，DWT）才更方便。

通过对尺度函数和小波函数进行伸缩或平移，可以得到任意尺度上的一组小波基，扩展方程为：

$$\begin{cases} \varphi_{j,k}(t) = 2^{\frac{j}{2}}\varphi(2^j t - k) = 2^{\frac{j}{2}}\varphi\left(\dfrac{t - 2^{-j}k}{2^{-j}}\right) \\ \psi_{j,k}(t) = 2^{\frac{j}{2}}\psi(2^j t - k) = 2^{\frac{j}{2}}\psi\left(\dfrac{t - 2^{-j}k}{2^{-j}}\right) \end{cases} j,k \in \mathbb{Z} \quad (3.7)$$

其中，时间尺度 $\lambda_j = 2^j$ 代表将原始数据频率进行伸缩的倍数，系数 $2^{\frac{j}{2}}$ 能够保证伸缩以后的尺度函数和小波函数的范数始终保持为 1，k 为位移参数，j 和 k 的变化可以改变函数的支集。

由尺度函数可以构成对应时间尺度 λ_j 上的空间 $V_j = Span\{\varphi_k(2^j t)\}$，不同时间尺度的空间满足：

$$\cdots \subset V_{-2} \subset V_{-1} \subset V_0 \subset V_1 \subset \cdots \subset L^2(\mathbb{R})$$

同样由小波函数也可以构成时间尺度 λ_j 上与 V_j 正交的空间 $W_j = Span\{\psi_k(2^j t)\}$。

而根据尺度函数和小波函数的正交性条件可知：

$$V_{j+1} = V_j \oplus W_j$$

因此，递推可得：

$$L^2(\mathbb{R}) = V_0 \oplus W_1 \oplus W_2 \oplus W_3 \oplus \cdots \quad (3.8)$$

又因为空间 V_j 和 W_j 上的函数同样分别属于 V_{j+1} 和 W_{j+1}，所以两个相邻尺度上的尺度函数和小波函数应满足：

$$\begin{cases} \varphi(t) = \sum_k g_k \sqrt{2}\varphi(2t - k) \\ \psi(t) = \sum_k h_k \sqrt{2}\psi(2t - k) \end{cases} \quad (3.9)$$

根据 Plancherel 定理[1]，可得：

$$\begin{cases} g_k = \dfrac{1}{\sqrt{2}}\int \varphi(t)\varphi(2t-k)\mathrm{d}t \\ h_k = \dfrac{1}{\sqrt{2}}\int \psi(t)\psi(2t-k)\mathrm{d}t \end{cases} \quad (3.10)$$

将尺度函数和小波函数看作滤波器，g_k 和 h_k 可以看作小波变换过程中低频和高频滤波器的参数。Mallat 利用线性加权移动平均高频滤波器给出了离散小波滤波器组的构造条件，构造小波函数的正交性条件和震荡条件等价于：

$$\sum_{l=0}^{L-1} h_l^2 = 1 \quad (3.11)$$

$$\sum_{l=0}^{L-1} h_l = 0 \quad (3.12)$$

$$\sum_{l=0}^{L-1} h_l h_{l+2n} = 0 \quad (3.13)$$

其中，$n \in N$，h_l 是一个有限长度离散小波滤波器的系数。[2]

综上所述，DWT 就是利用转换矩阵 W 将长度为 N（必须是 2^J 的倍数）的向量 X（离散信号或者时间序列数据）正交变换到由 J 个小波系数向量 $W_j \in R^{\frac{N}{2^j}}$（$1 \leq j \leq J$）和 1 个尺度系数向量 $V_J \in R^{\frac{N}{2^J}}$ 构成的空间上：

$$[W_1, \cdots, W_J, V_J] = WX \quad (3.14)$$

其中，W 可以通过小波滤波器组 $\{h\}$ 和 $\{g\}$ 构造。式（3.14）可变换为：

$$[W_1, \cdots, W_J, V_J]W^\mathrm{T} = S_J + \sum_{j=1}^{J} D_j = X \quad (3.15)$$

原始数据序列 X 经过 DWT 被分解为 S_J 和 $D_j(j=1,\cdots,J)$ 等 $J+1$ 组

---

[1] Plancherel 定理指出一个函数的 L^2 范数等于其傅里叶频谱的 L^2 范数。
[2] Mallat, S. *Multiresolution Representations and Wavelets*. University of Pennsylvania, 1988.

第3章 资产定价模型的小波分析

数据。当 $S_{\tilde{J}-1} = S_J + \sum_{j=\tilde{J}}^{J} D_j$ 成立时，X 在不同二进制时间尺度上的近似值（即移动加权平均值）S_j 和每个时间尺度上被忽略的细节向量 D_j 构成了多时间尺度分解。在每个时间尺度上，我们能够利用小波滤波器将数据分解成一组高频数据和一组低频数据，带宽由时间尺度 λ_j 确定。

综上所述，待分解信号 $f(t)$ 可以改写为：

$$f(t) = S_J + \sum_{j=1}^{J} D_j = \sum_{k=-\infty}^{+\infty} S_{J,k} \varphi_{J,k}(t) + \sum_{j=1}^{J} \sum_{k=-\infty}^{+\infty} d_{j,k} \psi_{j,k}(t) \quad (3.16)$$

其中：

$$\begin{cases} S_{J,k} = \int_{-\infty}^{+\infty} f(t) \varphi_{J,k}^*(t) \mathrm{d}t = <f, \varphi_{J,k}> \\ d_{j,k} = \int_{-\infty}^{+\infty} f(t) \psi_{j,k}^*(t) \mathrm{d}t = <f, \psi_{j,k}> \end{cases} \quad (3.17)$$

利用式（3.17）可以求解出离散小波转换中各时间尺度的细节系数和趋势系数，其中，$S_{J,k}$ 代表数据序列 $f(t)$ 进行 DWT 分解后最长周期的趋势系数，反映长期变化的趋势；而 $d_{j,k}$ 代表高频时间尺度 λ_j 上的细节系数，反映短期的波动。

上述标准 DWT 存在一些缺陷：首先，它要求时间序列数据的长度必须为固定值 2^J，其中 J 是最大分解层数；其次，它采用的不是零相位滤波器，会产生相位偏差，如果将时间序列平移，标准 DWT 计算出的系数就会发生变化；最后，它存在截尾效应，对序列两端的数据进行分解时会由于缺少一侧的数据而对两端的结果造成严重失真。

为了解决这一系列问题，本书采用 MODWT 进行数据分解，它是标准离散小波变换的扩展，能够克服上述离散小波变换的缺陷：首先，它可以处理任何长度的数据，并且在不同时间尺度上获得的分解结果长度都相等，能够提高低频尺度的分辨率；其次，它的变换结果不会因为数据的平移引起小波系数变化；最后，它的细节系数和趋势系数都是通过零相位滤波器得到的,与原始数据的关系更直接、更紧密。[1]

离散小波变换在时间尺度 $\lambda_j = 2^j$ 上分解出细节系数的长度为 $N/2^j$,而 MODWT 所分解出来的细节系数额外包含两个时间尺度,即 λ_j 与 λ_{j-1} 间的变化数据,因此细节系数的长度在所有的时间尺度上都与原数据长度相等,是一种冗余度较高的小波变换,反映了整个数据序列各个位置在不同时间尺度上的变化情况。

通过简单的步骤就可以由普通的离散小波变换所采用的小波和尺度滤波器构建对应的 MODWT 小波和尺度滤波器。

首先,通过式(3.10)获得 g_l 和 h_l,将对应的 MODWT 尺度滤波器 $\tilde{g}_l$ 和 $\tilde{h}_l$ 分别定义为:

$$\begin{aligned} \tilde{h}_l &= h_l / \sqrt{2} \\ \tilde{g}_l &= g_l / \sqrt{2} \end{aligned} \quad (3.18)$$

再用 $\tilde{h}_l$,$\tilde{g}_l$ 构造新的 $\tilde{W}$ 就可以进行式(3.11)的变换,进而获得 $[\tilde{W}_1, \cdots, \tilde{W}_J, \tilde{V}_J]$,以及对应的 $\tilde{S}_J$ 和 $\tilde{D}_j$。需要指出的是,由于 MODWT 包含两个时间尺度上的信息,所以 $\tilde{S}_J$ 和 $\tilde{D}_j$ 的长度分别是 S_J 和 D_j 的2倍。

3.3 资产定价模型的小波分析

3.3.1 数据描述性统计

本研究的重点是 CAPM、FF3 和 FF5 等因子模型所刻画的投资组合超额收益与市场平均超额收益以及其他因子在各时间尺度上的关系,采用的数据来源于 French 教授的网站,因子数据采用 Fama/French 5 Factors

---

[1] Percival, D., A. Walden. *Wavelet Methods for Time Series Analysis*. Cambridge University Press, Cambridge, 2000.

（2×3）链接中的月度数据。根据网站上构造五种因子方法的说明，我们选取规模－价值 2×3 分组、规模－投资 2×3 分组和规模－盈利 2×3 分组等 18 种分组中按市值加权的月度超额收益数据作为投资组合超额收益数据。

表 3.1 给出了 FF5 模型中五种因子数据的描述性统计和因子之间的相关系数。表 3.2 至表 3.4 的 Panel A 给出了投资组合超额收益数据的描述性统计，Panel B 给出了投资组合超额收益与因子之间的相关系数。其中，B、S 代表按照规模的大、小分组，H、M、L 分别代表高、中、低（价值、投资和盈利）分组。整体上看，固定了价值、投资和盈利的差异后，小规模组合的超额收益在所有时间尺度上都大于大规模组合，小规模组合与市场和规模因子的相关度高，大规模组合只与市场因子的相关度高。

从表 3.2 可以看出，固定市值规模后，高价值组合超额收益大于低价值组合。该分组方法下全部投资组合的超额收益与市场和规模因子正相关，与盈利和投资因子负相关，与价值因子的关系不确定。这是由于规模－价值的分组方法和构造价值因子的方法基本一致，造成中、低价值组合与价值因子负相关，而高价值组合与价值因子正相关。

从表 3.3 可以看出，固定市值规模后，高投资组合超额收益小于低投资组合。该分组方法下全部投资组合的超额收益与市场和规模因子正相关，与价值、盈利和投资因子负相关，其中低投资组合与投资因子的负相关度比高投资组合更低。

从表 3.4 可以看出，固定市值规模后，低盈利组合超额收益小于高盈利组合。该分组方法下全部投资组合的超额收益与市场和规模因子正相关，与价值、盈利和投资因子负相关，其中低盈利组合与盈利因子的负相关度比高盈利组合更高。

另外，从偏度和峰度数据上可以看到所有投资组合的超额收益数据都符合带厚尾的正态分布，但是 JB 统计量拒绝了所有统计显著性水平上的正态性。

表3.1 五种因子数据的描述性统计和因子之间的相关系数

	市场	规模	价值	盈利	投资
Panel A：描述性统计					
均值	0.5074	0.2714	0.3624	0.2484	0.3228
标准差	4.4564	3.0704	2.8607	2.1396	1.9902
偏度	-0.5369	0.3965	0.0098	-0.4069	0.2560
峰度	4.9446	6.6014	5.5622	14.5003	4.3682
JB统计量	127.0707	350.1775	169.0521	3422.6630	54.9498
Panel B：因子之间的相关系数					
市场	1.0000	0.2839	-0.2987	-0.2045	-0.3895
规模	0.2839	1.0000	-0.1132	-0.3610	-0.1150
价值	-0.2987	-0.1132	1.0000	0.0823	0.7015
盈利	-0.2045	-0.3610	0.0823	1.0000	-0.0996
投资	-0.3895	-0.1150	0.7015	-0.0996	1.0000

资料来源：http://mba.tuck.dartmouth.edu/pages/faculty/ken.french/index.html，经过整理。

表3.2 规模-价值2×3分组超额收益数据的描述性统计及相关系数

	S/L	S/M	S/H	B/L	B/M	B/H
Panel A：描述性统计						
均值	0.9158	1.2972	1.4355	0.8903	0.9454	1.0952
标准差	6.8351	5.4201	5.5663	4.6223	4.3143	4.6474
偏度	-0.3390	-0.4979	-0.4057	-0.3164	-0.3615	-0.4390
峰度	4.7879	5.8733	6.4615	4.9064	5.1181	5.6534
JB统计量	94.1446	238.1294	325.4851	103.9000	128.9836	201.1538
Panel B：投资组合超额收益与因子之间的相关系数						
市场	0.8721	0.8775	0.8416	0.9681	0.9290	0.8698
规模	0.6756	0.6729	0.6617	0.1855	0.1763	0.2463
价值	-0.4208	-0.1514	0.0110	-0.4409	-0.0547	0.1604
盈利	-0.3569	-0.2876	-0.2892	-0.0984	-0.1357	-0.1750
投资	-0.4393	-0.2581	-0.1468	-0.4929	-0.1899	-0.0969

资料来源：http://mba.tuck.dartmouth.edu/pages/faculty/ken.french/index.html，经过整理。

表3.3 规模-投资2×3分组超额收益数据的描述性统计及相关系数

	S/L	S/M	S/H	B/L	B/M	B/H
Panel A：描述性统计						
均值	1.3840	1.3287	0.9489	1.0635	0.9455	0.8524
标准差	6.0866	5.1973	6.5558	4.3516	4.0523	5.1439
偏度	-0.3095	-0.4846	-0.4473	-0.2701	-0.4858	-0.3801
峰度	5.6373	5.8680	5.0170	4.8396	5.1874	4.7145
JB统计量	188.9619	235.9944	125.3611	94.6605	147.5122	90.5714
Panel B：投资组合超额收益与因子之间的相关系数						
市场	0.8496	0.8760	0.8884	0.9366	0.9708	0.9668
规模	0.7107	0.6710	0.6688	0.1970	0.1581	0.2442
价值	-0.1853	-0.1464	-0.3314	-0.1066	-0.1968	-0.4300
盈利	-0.4207	-0.2722	-0.3176	-0.1717	-0.1189	-0.1612
投资	-0.2007	-0.2506	-0.4310	-0.1193	-0.2996	-0.5631

资料来源：http://mba.tuck.dartmouth.edu/pages/faculty/ken.french/index.html，经过整理。

表3.4 规模-盈利2×3分组超额收益数据的描述性统计及相关系数

	S/L	S/M	S/H	B/L	B/M	B/H
Panel A：描述性统计						
均值	1.0111	1.2498	1.3355	0.8137	0.8713	0.9859
标准差	6.6285	5.3024	5.9289	4.9449	4.3467	4.3653
偏度	-0.2217	-0.5540	-0.5193	-0.5105	-0.4171	-0.3794
峰度	5.4338	5.8207	5.7129	4.8328	5.0002	4.8188
JB统计量	157.5843	236.4880	217.2953	113.3392	120.9432	100.0094
Panel B：投资组合超额收益与因子之间的相关系数						
市场	0.8511	0.8860	0.8829	0.9507	0.9743	0.9698
规模	0.7081	0.6523	0.6361	0.2747	0.1898	0.1685
价值	-0.2922	-0.1573	-0.2025	-0.2206	-0.2238	-0.3378
盈利	-0.4801	-0.2356	-0.1417	-0.4148	-0.2027	-0.0262
投资	-0.3117	-0.2806	-0.3447	-0.3022	-0.3159	-0.4451

资料来源：http://mba.tuck.dartmouth.edu/pages/faculty/ken.french/index.html，经过整理。

3.3.2 实证过程和结果

首先将 CAPM、FF3 和 FF5 模型改写成时间尺度形式：

$$R_{it}(\lambda_j) - R_{ft}(\lambda_j) = \alpha(\lambda_j) + \beta_{Mkt}(\lambda_j)Mkt_t(\lambda_j) + \varepsilon_{it}(\lambda_j) \tag{3.19}$$

$$R_{it}(\lambda_j) - R_{ft}(\lambda_j) = \alpha(\lambda_j) + \beta_{Mkt}(\lambda_j)Mkt_t(\lambda_j) + \beta_{SMB}(\lambda_j)SMB_t(\lambda_j) + \beta_{HML}(\lambda_j)HML_t(\lambda_j) + \varepsilon_{it}(\lambda_j) \tag{3.20}$$

$$R_{it}(\lambda_j) - R_{ft}(\lambda_j) = \alpha(\lambda_j) + \beta_{Mkt}(\lambda_j)Mkt_t(\lambda_j) + \beta_{SMB}(\lambda_j)SMB_t(\lambda_j) + \beta_{HML}(\lambda_j)HML_t(\lambda_j) + \beta_{RMW}(\lambda_j)RMW_t(\lambda_j) + \beta_{CMA}(\lambda_j)CMA_t(\lambda_j) + \varepsilon_{it}(\lambda_j) \tag{3.21}$$

其中，$R_{it}(\lambda_j)$ 为投资组合的月度收益率在时间尺度 λ_j 上的系数；$R_{ft}(\lambda_j)$ 是月度无风险收益率在时间尺度 λ_j 上的系数；$Mkt_t(\lambda_j)$ 是月度市场超额收益率在时间尺度 λ_j 上的系数，数值等于 $R_{mt}(\lambda_j) - R_{ft}(\lambda_j)$，$R_{mt}(\lambda_j)$ 是月份 t 按 CRSP 标准的市值加权指数收益率在时间尺度 λ_j 上的系数；$SMB_t(\lambda_j)$、$HML_t(\lambda_j)$、$RMW_t(\lambda_j)$ 和 $CMA_t(\lambda_j)$ 是其他四个因子在时间尺度 λ_j 上的系数。

设定 MODWT 采用 8 位的 Daubechies 最小不对称小波滤波器（LA8，尺度滤波器 g = [- 0.0536 - 0.0210 0.3519 0.5683 0.2106 - 0.0702 - 0.0089 0.0228]，小波滤波器 h = [0.0228 0.0089 - 0.0702 - 0.2106 0.5683 - 0.3519 - 0.0210 0.0536]），时间尺度选择 $j = 1, 2, 3, 4, 5$，其中，细节时间尺度 λ_1 等价于周期为 2 ~ 4 个月，λ_2 等价于周期为 4 ~ 8 个月，λ_3 等价于周期为 8 ~ 16 个月，λ_4 等价于周期为 16 ~ 32 个月，λ_5 等价于周期为 32 ~ 64 个月。

图 3.1 是对市场因子进行 MODWT 分解后各时间尺度上的数据，从图中可以直观地看出 MODWT 分解出的数据序列具有相同的长度，而且时间尺度越小（频率越高），数据的波动越大。

首先将 3 种分组共 18 个收益率序列进行 MODWT 分解，分别获得每个收益率序列在 5 个时间尺度上的细节系数 $D_j(j = 1, 2, 3, 4, 5)$ 和最长时间尺度上的趋势系数 S_5；其次对五种因子的数据序列进行 MODWT 分

第 3 章 资产定价模型的小波分析

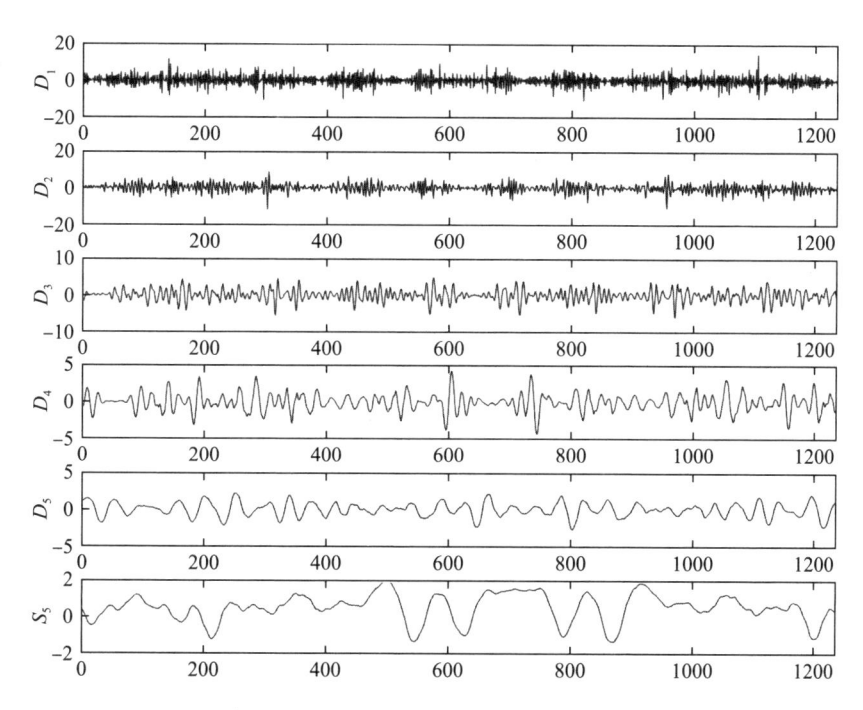

图 3.1 市场因子 MODWT 分解的各细节系数和趋势系数

注：$D_1 \sim D_5$ 是 5 个时间尺度上的细节系数，S_5 是最长时间尺度上的趋势系数，由于 $MODWT$ 分解后长度是日期长度的 2 倍，因此横轴用数据序列代替。

解，同样获得细节系数和趋势系数；最后根据式（3.19）～式（3.21）在每个时间尺度上进行最小二乘回归，并记录下对应的估计值和统计量，表 3.5、表 3.6 和表 3.7 分别为 CAPM、FF3 和 FF5 模型的回归结果。

表 3.5（a） 规模 – 价值 2×3 分组数据在各时间尺度上的 CAPM 模型回归结果

		尺度 1	尺度 2	尺度 3	尺度 4	尺度 5	长期趋势
Panel A：因子系数
S/L	$\hat{\alpha}$	0.0000	0.0000	0.0000	0.0000	0.0000	0.0613*
	$\hat{\beta}_{Mkt}$	1.2405*	1.4102*	1.5818*	1.4513*	1.3906*	0.8817*
S/M	$\hat{\alpha}$	0.0000	0.0000	0.0000	0.0000	0.0000	0.5538*
	$\hat{\beta}_{Mkt}$	0.9755*	1.1419*	1.2898*	1.1757*	1.0917*	0.6624*

63

续表

		尺度1	尺度2	尺度3	尺度4	尺度5	长期趋势
Panel A：因子系数							
S/H	$\hat{\alpha}$	0.0000	0.0000	0.0000	0.0000	0.0000	0.7069*
	$\hat{\beta}_{Mkt}$	0.9585*	1.1377*	1.2795*	1.1422*	1.0347*	0.6334*
B/L	$\hat{\alpha}$	0.0000	0.0000	0.0000	0.0000	0.0000	-0.0412*
	$\hat{\beta}_{Mkt}$	1.0168*	1.0038*	0.9987*	0.9982*	0.9920*	1.0332*
B/M	$\hat{\alpha}$	0.0000	0.0000	0.0000	0.0000	0.0000	0.0959*
	$\hat{\beta}_{Mkt}$	0.9204*	0.9142*	0.8442*	0.8879*	0.9058*	0.8716*
B/H	$\hat{\alpha}$	0.0000	0.0000	0.0000	0.0000	0.0000	0.3084*
	$\hat{\beta}_{Mkt}$	0.9038*	0.9170*	0.9641*	0.9329*	0.8792*	0.7483*
Panel B：调整后的拟合优度							
S/L		0.7269	0.7799	0.8580	0.8416	0.8414	0.4333
S/M		0.7263	0.8194	0.8781	0.8725	0.7831	0.3794
S/H		0.6803	0.7612	0.7927	0.8002	0.6804	0.3001
B/L		0.9430	0.9414	0.9370	0.9338	0.9472	0.9048
B/M		0.8747	0.8787	0.8687	0.8434	0.8256	0.8108
B/H		0.7550	0.7788	0.7887	0.7657	0.7046	0.7223
Panel C：均方误差							
S/L		5.2317	2.9643	1.0935	0.5636	0.3183	0.5815
S/M		3.2445	1.5176	0.6099	0.2871	0.2882	0.4105
S/H		3.9072	2.1446	1.1304	0.4633	0.4390	0.5346
B/L		0.5657	0.3314	0.1770	0.1005	0.0479	0.0643
B/M		1.0978	0.6094	0.2845	0.2081	0.1514	0.1015
B/H		2.3991	1.2617	0.6575	0.3786	0.2829	0.1232

注：*表示在95%置信水平下显著。

表3.5（b） 规模-投资2×3分组数据在各时间尺度上的CAPM模型回归结果

		尺度1	尺度2	尺度3	尺度4	尺度5	长期趋势
Panel A：因子系数							
S/L	$\hat{\alpha}$	0.0000	0.0000	0.0000	0.0000	0.0000	0.6591*
	$\hat{\beta}_{Mkt}$	1.0581*	1.2323*	1.4213*	1.3055*	1.2191*	0.6260*

续表

		尺度1	尺度2	尺度3	尺度4	尺度5	长期趋势
Panel A：因子系数							
S/M	$\hat{\alpha}$	0.0000	0.0000	0.0000	0.0000	0.0000	0.5991*
	$\hat{\beta}_{Mkt}$	0.9404*	1.1020*	1.2111*	1.1036*	1.0337*	0.6355*
S/H	$\hat{\alpha}$	0.0000	0.0000	0.0000	0.0000	0.0000	0.0731
	$\hat{\beta}_{Mkt}$	1.2112*	1.3761*	1.5631*	1.4175*	1.2878*	0.9235*
B/L	$\hat{\alpha}$	0.0000	0.0000	0.0000	0.0000	0.0000	0.2500*
	$\hat{\beta}_{Mkt}$	0.9417*	0.9385*	0.8636*	0.8656*	0.9072*	0.8007*
B/M	$\hat{\alpha}$	0.0000	0.0000	0.0000	0.0000	0.0000	0.0864*
	$\hat{\beta}_{Mkt}$	0.9126*	0.8688*	0.8451*	0.8726*	0.8943*	0.8905*
B/H	$\hat{\alpha}$	0.0000	0.0000	0.0000	0.0000	0.0000	-0.1554*
	$\hat{\beta}_{Mkt}$	1.1175*	1.1117*	1.1358*	1.1405*	1.0911*	1.1836*
Panel B：调整后的拟合优度							
S/L		0.6743	0.7534	0.8407	0.8348	0.7968	0.3264
S/M		0.7288	0.8214	0.8623	0.8624	0.7731	0.3613
S/H		0.7602	0.8080	0.8787	0.8736	0.8793	0.4613
B/L		0.8860	0.8948	0.8757	0.8813	0.8703	0.8231
B/M		0.9504	0.9443	0.9486	0.9596	0.9509	0.9140
B/H		0.9339	0.9380	0.9404	0.9394	0.9544	0.9253
Panel C：均方误差							
S/L		4.8931	2.6249	1.0112	0.4796	0.3309	0.4624
S/M		2.9781	1.3945	0.6186	0.2763	0.2738	0.4082
S/H		4.1870	2.3774	0.8912	0.4134	0.1987	0.5699
B/L		1.0331	0.5471	0.2796	0.1435	0.1071	0.0789
B/M		0.3935	0.2353	0.1023	0.0456	0.0361	0.0427
B/H		0.7996	0.4313	0.2161	0.1194	0.0497	0.0647

注：*表示在95%置信水平下显著。

表3.5（c） 规模－盈利2×3分组数据在各时间尺度上的CAPM模型回归结果

		尺度1	尺度2	尺度3	尺度4	尺度5	长期趋势
Panel A：因子系数							
S/L	$\hat{\alpha}$	0.0000	0.0000	0.0000	0.0000	0.0000	0.2203*
	$\hat{\beta}_{Mkt}$	1.1605*	1.3366*	1.5249*	1.4086*	1.3610*	0.7561*
S/M	$\hat{\alpha}$	0.0000	0.0000	0.0000	0.0000	0.0000	0.5086*
	$\hat{\beta}_{Mkt}$	0.9777*	1.1360*	1.2450*	1.1364*	1.0095*	0.6582*
S/H	$\hat{\alpha}$	0.0000	0.0000	0.0000	0.0000	0.0000	0.5759*
	$\hat{\beta}_{Mkt}$	1.0840*	1.2493*	1.4324*	1.2673*	1.1571*	0.6944*
B/L	$\hat{\alpha}$	0.0000	0.0000	0.0000	0.0000	0.0000	−0.1758*
	$\hat{\beta}_{Mkt}$	1.0580*	1.0414*	1.0434*	1.0961*	1.1216*	1.1475*
B/M	$\hat{\alpha}$	0.0000	0.0000	0.0000	0.0000	0.0000	−0.0298*
	$\hat{\beta}_{Mkt}$	0.9675*	0.9570*	0.9116*	0.9482*	0.9465*	0.9733*
B/H	$\hat{\alpha}$	0.0000	0.0000	0.0000	0.0000	0.0000	0.0880*
	$\hat{\beta}_{Mkt}$	0.9730*	0.9462*	0.9322*	0.9280*	0.9212*	0.9671*
Panel B：调整后的拟合优度							
S/L		0.6867	0.7326	0.8437	0.8328	0.8395	0.3559
S/M		0.7503	0.8397	0.8735	0.8725	0.7556	0.3828
S/H		0.7584	0.8246	0.8629	0.8484	0.7695	0.3412
B/L		0.9149	0.9109	0.8808	0.9256	0.9097	0.8880
B/M		0.9570	0.9491	0.9491	0.9611	0.9626	0.9475
B/H		0.9478	0.9428	0.9349	0.9453	0.9459	0.9239
Panel C：均方误差							
S/L		5.5599	3.4442	1.1376	0.5665	0.3092	0.5916
S/M		2.8777	1.3018	0.5928	0.2683	0.2878	0.3995
S/H		3.3869	1.7532	0.8610	0.4081	0.3501	0.5324
B/L		0.9416	0.5607	0.3890	0.1374	0.1090	0.0951
B/M		0.3804	0.2597	0.1179	0.0517	0.0304	0.0300
B/H		0.4715	0.2867	0.1599	0.0709	0.0424	0.0441

注：*表示在95%置信水平下显著。

表 3.6（a） 规模－价值 2×3 分组数据在各时间尺度上的 FF3 模型回归结果

		尺度 1	尺度 2	尺度 3	尺度 4	尺度 5	长期趋势
Panel A：因子系数							
S/L	$\hat{\alpha}$	0.0000	0.0000	0.0000	0.0000	0.0000	-0.1251*
	$\hat{\beta}_{Mkt}$	1.0794*	1.0556*	1.0583*	1.0736*	1.0760*	1.0115*
	$\hat{\beta}_{SMB}$	1.0231*	1.0426*	1.0194*	1.0064*	1.0086*	1.0741*
	$\hat{\beta}_{HML}$	-0.3577*	-0.4118*	-0.4123*	-0.3815*	-0.4206*	-0.4718*
S/M	$\hat{\alpha}$	0.0000	0.0000	0.0000	0.0000	0.0000	0.0900*
	$\hat{\beta}_{Mkt}$	0.9548*	0.9747*	0.9724*	0.9762*	0.9696*	0.9344*
	$\hat{\beta}_{SMB}$	0.8404*	0.7846*	0.7934*	0.7929*	0.9032*	0.8402*
	$\hat{\beta}_{HML}$	0.2710*	0.2449*	0.2138*	0.2223*	0.3043*	0.2698*
S/H	$\hat{\alpha}$	0.0000	0.0000	0.0000	0.0000	0.0000	0.0555*
	$\hat{\beta}_{Mkt}$	0.9923*	1.0154*	1.0040*	1.0053*	0.9908*	1.0062*
	$\hat{\beta}_{SMB}$	0.8560*	0.8388*	0.8582*	0.8255*	0.8906*	0.8506*
	$\hat{\beta}_{HML}$	0.5540*	0.5760*	0.6343*	0.6097*	0.6266*	0.6386*
B/L	$\hat{\alpha}$	0.0000	0.0000	0.0000	0.0000	0.0000	0.1905*
	$\hat{\beta}_{Mkt}$	0.9746*	0.9998*	1.0051*	0.9955*	0.9626*	0.9034*
	$\hat{\beta}_{SMB}$	-0.1539*	-0.1736*	-0.1166*	-0.1717*	-0.1186*	-0.2026*
	$\hat{\beta}_{HML}$	-0.2828*	-0.2822*	-0.2703*	-0.2936*	-0.2337*	-0.3059*
B/M	$\hat{\alpha}$	0.0000	0.0000	0.0000	0.0000	0.0000	-0.1435*
	$\hat{\beta}_{Mkt}$	1.0050*	1.0129*	0.9409*	1.0057*	1.0309*	1.0012*
	$\hat{\beta}_{SMB}$	-0.1330*	-0.1326*	-0.1100*	-0.1496*	-0.1017*	0.0472*
	$\hat{\beta}_{HML}$	0.3687*	0.3506*	0.2831*	0.3863*	0.4408*	0.4438*
B/H	$\hat{\alpha}$	0.0000	0.0000	0.0000	0.0000	0.0000	0.0097
	$\hat{\beta}_{Mkt}$	1.0617*	1.0400*	1.0593*	1.0641*	1.0479*	0.9088*
	$\hat{\beta}_{SMB}$	0.0132	0.0302*	0.0445*	0.0092	-0.0008	0.0207*
	$\hat{\beta}_{HML}$	0.8052*	0.7298*	0.6830*	0.7150*	0.7191*	0.5837*
Panel B：调整后的拟合优度							
	S/L	0.9832	0.9873	0.9900	0.9886	0.9862	0.9751
	S/M	0.9829	0.9875	0.9896	0.9850	0.9853	0.9714
	S/H	0.9856	0.9895	0.9909	0.9898	0.9949	0.9867
	B/L	0.9749	0.9776	0.9723	0.9731	0.9823	0.9810

续表

	尺度1	尺度2	尺度3	尺度4	尺度5	长期趋势
Panel B：调整后的拟合优度						
B/M	0.9324	0.9346	0.9171	0.9249	0.9291	0.9102
B/H	0.9533	0.9546	0.9695	0.9635	0.9594	0.9199
Panel C：均方误差						
S/L	0.3220	0.1705	0.0773	0.0405	0.0277	0.0256
S/M	0.2032	0.1054	0.0520	0.0337	0.0195	0.0189
S/H	0.1758	0.0945	0.0494	0.0236	0.0070	0.0102
B/L	0.2488	0.1267	0.0778	0.0408	0.0161	0.0129
B/M	0.5927	0.3284	0.1798	0.0998	0.0615	0.0482
B/H	0.4568	0.2589	0.0949	0.0590	0.0389	0.0356

注：*表示在95%置信水平下显著。

表3.6（b） 规模-投资2×3分组数据在各时间尺度上的FF3模型回归结果

		尺度1	尺度2	尺度3	尺度4	尺度5	长期趋势
Panel A：因子系数							
S/L	$\hat{\alpha}$	0.0000	0.0000	0.0000	0.0000	0.0000	0.2170*
	$\hat{\beta}_{Mkt}$	1.0005*	0.9907*	1.0232*	1.0361*	1.0288*	0.8876*
	$\hat{\beta}_{SMB}$	1.0340*	1.0331*	0.9931*	1.0050*	1.0020*	0.8838*
	$\hat{\beta}_{HML}$	0.1708*	0.2028*	0.2627*	0.1942*	0.1036*	0.1919*
S/M	$\hat{\alpha}$	0.0000	0.0000	0.0000	0.0000	0.0000	0.0978*
	$\hat{\beta}_{Mkt}$	0.9184*	0.9487*	0.9038*	0.9029*	0.9181*	0.9260*
	$\hat{\beta}_{SMB}$	0.8067*	0.7410*	0.7774*	0.7808*	0.8650*	0.7877*
	$\hat{\beta}_{HML}$	0.2497*	0.2571*	0.2314*	0.1968*	0.2972*	0.3864*
S/H	$\hat{\alpha}$	0.0000	0.0000	0.0000	0.0000	0.0000	-0.2409*
	$\hat{\beta}_{Mkt}$	1.1077*	1.0814*	1.0907*	1.1037*	1.0696*	1.1214*
	$\hat{\beta}_{SMB}$	0.9525*	0.9829*	0.9925*	0.9492*	0.8649*	1.0575*
	$\hat{\beta}_{HML}$	-0.0974*	-0.1684*	-0.1800*	-0.1337*	-0.1407*	-0.2023*

续表

		尺度1	尺度2	尺度3	尺度4	尺度5	长期趋势
Panel A：因子系数								
B/L	$\hat{\alpha}$	0.0000	0.0000	0.0000	0.0000	0.0000	0.0969*
	$\hat{\beta}_{Mkt}$	1.0134*	1.0091*	0.9351*	0.9467*	0.9632*	0.8817*
	$\hat{\beta}_{SMB}$	-0.1090*	-0.1037*	-0.0558*	-0.1045*	-0.0074	-0.0361*
	$\hat{\beta}_{HML}$	0.3142*	0.2376*	0.2774*	0.2633*	0.2321*	0.3360*
B/M	$\hat{\alpha}$	0.0000	0.0000	0.0000	0.0000	0.0000	0.0575*
	$\hat{\beta}_{Mkt}$	0.9537*	0.9433*	0.9475*	0.9463*	0.9636*	0.9027*
	$\hat{\beta}_{SMB}$	-0.1509*	-0.1849*	-0.1894*	-0.1627*	-0.1445*	-0.1203*
	$\hat{\beta}_{HML}$	0.1406*	0.1376*	0.1070*	0.1296*	0.1636*	0.1529*
B/H	$\hat{\alpha}$	0.0000	0.0000	0.0000	0.0000	0.0000	0.0270*
	$\hat{\beta}_{Mkt}$	1.0637*	1.0809*	1.1050*	1.1073*	1.0412*	1.0834*
	$\hat{\beta}_{SMB}$	-0.0672*	-0.0750*	-0.0296*	-0.0692*	-0.0238*	-0.0874*
	$\hat{\beta}_{HML}$	-0.3025*	-0.2838*	-0.2613*	-0.2896*	-0.2345*	-0.2977*
Panel B：调整后的拟合优度								
	S/L	0.9698	0.9750	0.9779	0.9694	0.9561	0.9266
	S/M	0.9829	0.9852	0.9842	0.9828	0.9790	0.9541
	S/H	0.9802	0.9858	0.9895	0.9873	0.9885	0.9619
	B/L	0.9259	0.9208	0.9176	0.9231	0.9007	0.8848
	B/M	0.9711	0.9718	0.9695	0.9800	0.9719	0.9353
	B/H	0.9573	0.9609	0.9632	0.9658	0.9788	0.9591
Panel C：均方误差								
	S/L	0.4534	0.2661	0.1403	0.0889	0.0715	0.0504
	S/M	0.1876	0.1154	0.0709	0.0345	0.0253	0.0294
	S/H	0.3461	0.1761	0.0768	0.0417	0.0189	0.0403
	B/L	0.6715	0.4118	0.1854	0.0930	0.0820	0.0514
	B/M	0.2295	0.1191	0.0608	0.0226	0.0206	0.0321
	B/H	0.5167	0.2723	0.1334	0.0673	0.0231	0.0354

注：*表示在95%置信水平下显著。

表 3.6（c） 规模－盈利 2×3 分组数据在各时间尺度上的 FF3 模型回归结果

		尺度 1	尺度 2	尺度 3	尺度 4	尺度 5	长期趋势
Panel A：因子系数							
S/L	$\hat{\alpha}$	0.0000	0.0000	0.0000	0.0000	0.0000	-0.1120*
	$\hat{\beta}_{Mkt}$	1.0523*	1.0091*	1.0529*	1.0672*	1.1281*	0.9620*
	$\hat{\beta}_{SMB}$	1.0905*	1.1739*	1.0683*	1.0561*	0.9103*	0.9974*
	$\hat{\beta}_{HML}$	-0.0602*	-0.0647*	0.0228	-0.1074*	-0.1617*	-0.1184*
S/M	$\hat{\alpha}$	0.0000	0.0000	0.0000	0.0000	0.0000	0.0540*
	$\hat{\beta}_{Mkt}$	0.9592*	0.9869*	0.9349*	0.9549*	0.8983*	0.9246*
	$\hat{\beta}_{SMB}$	0.7802*	0.7056*	0.7679*	0.7330*	0.8468*	0.8145*
	$\hat{\beta}_{HML}$	0.2556*	0.2275*	0.1894*	0.2218*	0.2994*	0.2715*
S/H	$\hat{\alpha}$	0.0000	0.0000	0.0000	0.0000	0.0000	0.1475*
	$\hat{\beta}_{Mkt}$	1.0517*	1.0756*	1.0384*	1.0451*	1.0022*	0.9516*
	$\hat{\beta}_{SMB}$	0.7902*	0.7492*	0.8999*	0.8524*	0.9819*	0.9872*
	$\hat{\beta}_{HML}$	0.1906*	0.1555*	0.0407*	0.1980*	0.2363*	0.0829*
B/L	$\hat{\alpha}$	0.0000	0.0000	0.0000	0.0000	0.0000	-0.1962*
	$\hat{\beta}_{Mkt}$	1.0770*	1.0538*	1.1196*	1.1374*	1.1432*	1.1566*
	$\hat{\beta}_{SMB}$	0.0659*	0.0279*	-0.1016*	-0.0562*	-0.1176*	-0.0664*
	$\hat{\beta}_{HML}$	0.1258*	0.1108*	0.1838*	0.1292*	-0.0150	0.0933*
B/M	$\hat{\alpha}$	0.0000	0.0000	0.0000	0.0000	0.0000	-0.0682*
	$\hat{\beta}_{Mkt}$	0.9952*	1.0201*	1.0128*	1.0181*	0.9923*	0.9906*
	$\hat{\beta}_{SMB}$	-0.0989*	-0.1628*	-0.1835*	-0.1712*	-0.1144*	-0.1177*
	$\hat{\beta}_{HML}$	0.0961*	0.1070*	0.1154*	0.0953*	0.0908*	0.1700*
B/H	$\hat{\alpha}$	0.0000	0.0000	0.0000	0.0000	0.0000	0.2079*
	$\hat{\beta}_{Mkt}$	0.9726*	0.9773*	0.9517*	0.9435*	0.9372*	0.8989*
	$\hat{\beta}_{SMB}$	-0.1932*	-0.1743*	-0.0877*	-0.1220*	-0.0945*	-0.1420*
	$\hat{\beta}_{HML}$	-0.0888*	-0.0876*	-0.1162*	-0.1154*	-0.0180*	-0.1291*
Panel B：调整后的拟合优度							
S/L		0.9673	0.9681	0.9681	0.9652	0.9432	0.8723
S/M		0.9781	0.9810	0.9832	0.9768	0.9604	0.9550
S/H		0.9458	0.9490	0.9655	0.9544	0.9560	0.9449
B/L		0.9204	0.9146	0.8955	0.9322	0.9126	0.8920

续表

	尺度1	尺度2	尺度3	尺度4	尺度5	长期趋势
Panel B：调整后的拟合优度						
B/M	0.9652	0.9654	0.9672	0.9752	0.9701	0.9676
B/H	0.9666	0.9582	0.9440	0.9549	0.9490	0.9521
Panel C：均方误差						
S/L	0.5803	0.4104	0.2326	0.1178	0.1093	0.1173
S/M	0.2521	0.1546	0.0789	0.0487	0.0466	0.0291
S/H	0.7600	0.5101	0.2169	0.1227	0.0668	0.0446
B/L	0.8815	0.5374	0.3413	0.1251	0.1055	0.0917
B/M	0.3079	0.1764	0.0758	0.0330	0.0243	0.0185
B/H	0.3017	0.2098	0.1375	0.0584	0.0400	0.0278

注：*表示在95%置信水平下显著。

表 3.7（a） 规模-价值 2×3 分组数据在各时间尺度上的 FF5 模型回归结果

		尺度1	尺度2	尺度3	尺度4	尺度5	长期趋势
Panel A：因子系数							
S/L	$\hat{\alpha}$	0.0000	0.0000	0.0000	0.0000	0.0000	-0.0327*
	$\hat{\beta}_{Mkt}$	1.0676*	1.0434*	1.0293*	1.0446*	1.0659*	0.9686*
	$\hat{\beta}_{SMB}$	0.9847*	0.9967*	1.0051*	0.9837*	1.0081*	1.0608*
	$\hat{\beta}_{HML}$	-0.3301*	-0.3475*	-0.3788*	-0.3370*	-0.4249*	-0.4489*
	$\hat{\beta}_{RMW}$	-0.1412*	-0.1512*	-0.1667*	-0.1753*	-0.0807*	-0.2386*
	$\hat{\beta}_{CMA}$	-0.0567*	-0.1404*	-0.1162*	-0.0887*	0.0568*	-0.0497*
S/M	$\hat{\alpha}$	0.0000	0.0000	0.0000	0.0000	0.0000	-0.0019
	$\hat{\beta}_{Mkt}$	0.9689*	0.9803*	0.9827*	0.9949*	1.0037*	0.9875*
	$\hat{\beta}_{SMB}$	0.8693*	0.8113*	0.7973*	0.8166*	0.8893*	0.8560*
	$\hat{\beta}_{HML}$	0.2226*	0.2156*	0.1927*	0.2179*	0.2437*	0.1977*
	$\hat{\beta}_{RMW}$	0.1106*	0.0874*	0.0420*	0.1760*	0.1802*	0.1625*
	$\hat{\beta}_{CMA}$	0.1049*	0.0634*	0.0551*	-0.0023	0.0706*	0.1438*
S/H	$\hat{\alpha}$	0.0000	0.0000	0.0000	0.0000	0.0000	-0.0113*
	$\hat{\beta}_{Mkt}$	0.9986*	1.0211*	1.0234*	1.0387*	1.0113*	1.0510*
	$\hat{\beta}_{SMB}$	0.8771*	0.8488*	0.8686*	0.8393*	0.8744*	0.8636*

续表

		尺度1	尺度2	尺度3	尺度4	尺度5	长期趋势
Panel A：因子系数								
S/H	$\hat{\beta}_{HML}$	0.5401*	0.5450*	0.6177*	0.5258*	0.5520*	0.5569*
	$\hat{\beta}_{RMW}$	0.0775*	0.0343*	0.1232*	0.1160*	0.0609*	0.0737*
	$\hat{\beta}_{CMA}$	0.0283*	0.0687*	0.0692*	0.1825*	0.1760*	0.1605*
B/L	$\hat{\alpha}$	0.0000	0.0000	0.0000	0.0000	0.0000	0.1409*
	$\hat{\beta}_{Mkt}$	0.9840*	1.0013*	1.0228*	1.0159*	0.9902*	0.9309*
	$\hat{\beta}_{SMB}$	-0.1018*	-0.1185*	-0.0996*	-0.1425*	-0.1274*	-0.1943*
	$\hat{\beta}_{HML}$	-0.2841*	-0.2878*	-0.2277*	-0.2892*	-0.2710*	-0.3392*
	$\hat{\beta}_{RMW}$	0.1863*	0.1760*	0.2237*	0.2156*	0.1606*	0.0964*
	$\hat{\beta}_{CMA}$	-0.0047	0.0082	-0.0225	-0.0250	0.0158	0.0668*
B/M	$\hat{\alpha}$	0.0000	0.0000	0.0000	0.0000	0.0000	-0.2722*
	$\hat{\beta}_{Mkt}$	1.0243*	1.0207*	0.9588*	1.0713*	1.0954*	1.0907*
	$\hat{\beta}_{SMB}$	-0.1051*	-0.1294*	-0.1092*	-0.1199*	-0.1433*	0.0730*
	$\hat{\beta}_{HML}$	0.2913*	0.3081*	0.2008*	0.2282*	0.2523*	0.2719*
	$\hat{\beta}_{RMW}$	0.1121*	0.0136	-0.0161	0.2463*	0.2498*	0.1200*
	$\hat{\beta}_{CMA}$	0.1705*	0.0950*	0.1631*	0.3420*	0.3914*	0.3370*
B/H	$\hat{\alpha}$	0.0000	0.0000	0.0000	0.0000	0.0000	0.1193*
	$\hat{\beta}_{Mkt}$	1.0530*	1.0236*	1.0284*	1.0222*	1.0450*	0.8484*
	$\hat{\beta}_{SMB}$	0.0060	0.0294*	0.0368*	0.0020	0.0062	0.0026
	$\hat{\beta}_{HML}$	0.8453*	0.8196*	0.7760*	0.8477*	0.7523*	0.6557*
	$\hat{\beta}_{RMW}$	-0.0322	-0.0094	-0.0663*	-0.0758*	0.0192	-0.2150*
	$\hat{\beta}_{CMA}$	-0.0893*	-0.2010*	-0.2086*	-0.2962*	-0.1041*	-0.1449*
Panel B：调整后的拟合优度								
S/L		0.9845	0.9891	0.9921	0.9907	0.9873	0.9868
S/M		0.9844	0.9883	0.9899	0.9889	0.9903	0.9839
S/H		0.9862	0.9897	0.9925	0.9919	0.9966	0.9919
B/L		0.9799	0.9831	0.9839	0.9823	0.9886	0.9847
B/M		0.9355	0.9353	0.9201	0.9395	0.9487	0.9377
B/H		0.9539	0.9578	0.9726	0.9690	0.9606	0.9483

续表

	尺度1	尺度2	尺度3	尺度4	尺度5	长期趋势
Panel C：均方误差						
S/L	0.2974	0.1467	0.0612	0.0330	0.0255	0.0135
S/M	0.1854	0.0981	0.0508	0.0249	0.0130	0.0106
S/H	0.1686	0.0922	0.0408	0.0188	0.0047	0.0062
B/L	0.1997	0.0954	0.0453	0.0269	0.0104	0.0103
B/M	0.5653	0.3250	0.1731	0.0804	0.0446	0.0334
B/H	0.4514	0.2407	0.0853	0.0501	0.0378	0.0230

注：*表示在95%置信水平下显著。

表3.7（b） 规模－投资 2×3 分组数据在各时间尺度上的 FF5 模型回归结果

		尺度1	尺度2	尺度3	尺度4	尺度5	长期趋势
Panel A：因子系数							
S/L	$\hat{\alpha}$	0.0000	0.0000	0.0000	0.0000	0.0000	0.1782*
	$\hat{\beta}_{Mkt}$	1.0250*	1.0215*	1.0477*	1.0540*	1.0033*	0.9599*
	$\hat{\beta}_{SMB}$	0.9728*	0.9580*	0.9815*	0.9646*	0.9808*	0.9027*
	$\hat{\beta}_{HML}$	-0.0194*	0.0300*	0.0527*	0.0212*	-0.0028	-0.0730*
	$\hat{\beta}_{RMW}$	-0.1881*	-0.2260*	-0.2106*	-0.2694*	-0.3243*	-0.2868*
	$\hat{\beta}_{CMA}$	0.4375*	0.3927*	0.3675*	0.4119*	0.4790*	0.5091*
S/M	$\hat{\alpha}$	0.0000	0.0000	0.0000	0.0000	0.0000	-0.0435*
	$\hat{\beta}_{Mkt}$	0.9330*	0.9592*	0.9317*	0.9260*	0.9638*	1.0201*
	$\hat{\beta}_{SMB}$	0.8344*	0.7876*	0.7922*	0.8073*	0.8469*	0.8150*
	$\hat{\beta}_{HML}$	0.1975*	0.2021*	0.2078*	0.1841*	0.2183*	0.2173*
	$\hat{\beta}_{RMW}$	0.1068*	0.1525*	0.1763*	0.1983*	0.2446*	0.1615*
	$\hat{\beta}_{CMA}$	0.1137*	0.1195*	0.0988*	0.0150	0.0862*	0.3325*
S/H	$\hat{\alpha}$	0.0000	0.0000	0.0000	0.0000	0.0000	-0.0754*
	$\hat{\beta}_{Mkt}$	1.0775*	1.0512*	1.0361*	1.0584*	1.0576*	0.9990*
	$\hat{\beta}_{SMB}$	0.9491*	0.9627*	0.9784*	0.9457*	0.8818*	1.0226*
	$\hat{\beta}_{HML}$	0.0622*	-0.0042	-0.0183*	0.0214*	-0.0616*	0.0528*
	$\hat{\beta}_{RMW}$	-0.0378*	-0.0770*	-0.1229*	-0.0520*	0.0081	-0.1027*
	$\hat{\beta}_{CMA}$	-0.3593*	-0.3662*	-0.3649*	-0.3487*	-0.2268*	-0.4985*

续表

		尺度1	尺度2	尺度3	尺度4	尺度5	长期趋势
Panel A：因子系数						
B/L	$\hat{\alpha}$	0.0000	0.0000	0.0000	0.0000	0.0000	-0.0777*
	$\hat{\beta}_{Mkt}$	1.0694*	1.0694*	1.0274*	1.0476*	1.0611*	1.0145*
	$\hat{\beta}_{SMB}$	-0.0901*	-0.0707*	-0.0392*	-0.0867*	-0.0901*	0.0017
	$\hat{\beta}_{HML}$	0.0306*	-0.0919*	-0.0504*	-0.0550*	-0.1477*	0.0492*
	$\hat{\beta}_{RMW}$	0.1127*	0.1302*	0.1016*	0.1851*	0.2621*	0.0815*
	$\hat{\beta}_{CMA}$	0.6363*	0.7353*	0.6976*	0.7102*	0.9224*	0.5598*
B/M	$\hat{\alpha}$	0.0000	0.0000	0.0000	0.0000	0.0000	-0.0882*
	$\hat{\beta}_{Mkt}$	0.9734*	0.9501*	0.9713*	0.9695*	0.9885*	1.0000*
	$\hat{\beta}_{SMB}$	-0.1176*	-0.1549*	-0.1808*	-0.1487*	-0.1547*	-0.0920*
	$\hat{\beta}_{HML}$	0.0659*	0.1017*	0.0553*	0.0831*	0.1193*	-0.0229*
	$\hat{\beta}_{RMW}$	0.1306*	0.0983*	0.0896*	0.1115*	0.1322*	0.1645*
	$\hat{\beta}_{CMA}$	0.1636*	0.0782*	0.1312*	0.0979*	0.0512*	0.3455*
B/H	$\hat{\alpha}$	0.0000	0.0000	0.0000	0.0000	0.0000	0.1756*
	$\hat{\beta}_{Mkt}$	1.0170*	1.0396*	1.0386*	1.0436*	1.0074*	0.9753*
	$\hat{\beta}_{SMB}$	-0.0665*	-0.0755*	-0.0356*	-0.0682*	0.0080*	-0.1183*
	$\hat{\beta}_{HML}$	-0.0509*	-0.0574*	0.0202*	-0.0559*	-0.0877*	-0.0765*
	$\hat{\beta}_{RMW}$	-0.0378	-0.0190	0.0145	-0.0319*	-0.0714*	-0.1040*
	$\hat{\beta}_{CMA}$	-0.5673*	-0.5068*	-0.5698*	-0.5289*	-0.3731*	-0.4326*
Panel B：调整后的拟合优度						
	S/L	0.9878	0.9904	0.9899	0.9887	0.9928	0.9694
	S/M	0.9845	0.9882	0.9882	0.9882	0.9891	0.9816
	S/H	0.9859	0.9905	0.9937	0.9912	0.9913	0.9866
	B/L	0.9597	0.9660	0.9636	0.9658	0.9760	0.9532
	B/M	0.9749	0.9740	0.9726	0.9827	0.9767	0.9730
	B/H	0.9786	0.9780	0.9845	0.9817	0.9880	0.9829
Panel C：均方误差						
	S/L	0.1833	0.1018	0.0641	0.0329	0.0117	0.0210
	S/M	0.1697	0.0925	0.0532	0.0237	0.0131	0.0118
	S/H	0.2455	0.1181	0.0465	0.0289	0.0144	0.0142

续表

	尺度1	尺度2	尺度3	尺度4	尺度5	长期趋势
Panel C：均方误差						
B/L	0.3650	0.1769	0.0819	0.0414	0.0199	0.0209
B/M	0.1987	0.1097	0.0545	0.0195	0.0171	0.0134
B/H	0.2595	0.1534	0.0561	0.0360	0.0130	0.0149

注：*表示在95%置信水平下显著。

表3.7（c） 规模－盈利 2×3 分组数据在各时间尺度上的 FF5 模型回归结果

		尺度1	尺度2	尺度3	尺度4	尺度5	长期趋势
Panel A：因子系数							
S/L	$\hat{\alpha}$	0.0000	0.0000	0.0000	0.0000	0.0000	0.1053*
	$\hat{\beta}_{Mkt}$	1.0260*	1.0108*	1.0039*	1.0203*	1.0391*	0.8814*
	$\hat{\beta}_{SMB}$	0.9425*	1.0067*	1.0274*	0.9832*	0.9287*	0.9711*
	$\hat{\beta}_{HML}$	-0.0586*	-0.0832*	-0.0481*	-0.1327*	-0.0889*	-0.1601*
	$\hat{\beta}_{RMW}$	-0.5280*	-0.5312*	-0.5276*	-0.5345*	-0.5779*	-0.7060*
	$\hat{\beta}_{CMA}$	0.0180	0.0544*	-0.0073	0.0947*	0.1160*	0.0659*
S/M	$\hat{\alpha}$	0.0000	0.0000	0.0000	0.0000	0.0000	-0.0643*
	$\hat{\beta}_{Mkt}$	0.9732*	0.9895*	0.9592*	0.9764*	0.9701*	0.9843*
	$\hat{\beta}_{SMB}$	0.8363*	0.7737*	0.7837*	0.7719*	0.8197*	0.8327*
	$\hat{\beta}_{HML}$	0.2334*	0.2173*	0.1910*	0.2483*	0.1817*	0.2191*
	$\hat{\beta}_{RMW}$	0.2035*	0.2175*	0.1966*	0.2833*	0.3925*	0.2703*
	$\hat{\beta}_{CMA}$	0.0421*	0.0176	0.0535*	-0.0799*	0.1134*	0.1078*
S/H	$\hat{\alpha}$	0.0000	0.0000	0.0000	0.0000	0.0000	0.0044
	$\hat{\beta}_{Mkt}$	1.0763*	1.0681*	1.0703*	1.1050*	1.0893*	1.0089*
	$\hat{\beta}_{SMB}$	0.9439*	0.9169*	0.9340*	0.9268*	0.9508*	1.0055*
	$\hat{\beta}_{HML}$	0.2040*	0.2055*	0.1442*	0.1802*	0.1021*	0.0904*
	$\hat{\beta}_{RMW}$	0.5459*	0.5305*	0.4550*	0.5530*	0.4873*	0.4346*
	$\hat{\beta}_{CMA}$	-0.0525*	-0.1248*	-0.0801*	0.0019	0.1070*	-0.0050
B/L	$\hat{\alpha}$	0.0000	0.0000	0.0000	0.0000	0.0000	0.0371*
	$\hat{\beta}_{Mkt}$	1.0357*	1.0384*	1.0485*	1.0591*	1.0456*	1.0441*
	$\hat{\beta}_{SMB}$	-0.1069*	-0.1582*	-0.1527*	-0.1327*	-0.0890*	-0.1009*

续表

		尺度1	尺度2	尺度3	尺度4	尺度5	长期趋势
Panel A：因子系数							
B/L	$\hat{\beta}_{HML}$	0.1846*	0.1854*	0.1437*	0.2078*	0.1057*	0.1710*
	$\hat{\beta}_{RMW}$	-0.6254*	-0.5985*	-0.6440*	-0.5791*	-0.5830*	-0.5723*
	$\hat{\beta}_{CMA}$	-0.1073*	-0.1526*	-0.1036*	-0.1382*	-0.0159	-0.1635*
B/M	$\hat{\alpha}$	0.0000	0.0000	0.0000	0.0000	0.0000	-0.1156*
	$\hat{\beta}_{Mkt}$	1.0039*	1.0197*	1.0051*	1.0142*	0.9756*	1.0422*
	$\hat{\beta}_{SMB}$	-0.1009*	-0.1919*	-0.1918*	-0.1868*	-0.1152*	-0.1037*
	$\hat{\beta}_{HML}$	0.0477*	0.1074*	0.0906*	0.0681*	0.0842*	0.0190
	$\hat{\beta}_{RMW}$	0.0006	-0.0927*	-0.1101*	-0.1102*	-0.1334*	-0.0890*
	$\hat{\beta}_{CMA}$	0.1093*	0.0014	0.0190	0.0695*	0.0926*	0.2919*
B/H	$\hat{\alpha}$	0.0000	0.0000	0.0000	0.0000	0.0000	0.1370*
	$\hat{\beta}_{Mkt}$	0.9855*	0.9812*	0.9822*	0.9744*	0.9950*	0.9173*
	$\hat{\beta}_{SMB}$	-0.1083*	-0.0682*	-0.0593*	-0.0767*	-0.1104*	-0.1354*
	$\hat{\beta}_{HML}$	-0.0780*	-0.1030*	-0.0488*	-0.1059*	-0.0845*	-0.0783*
	$\hat{\beta}_{RMW}$	0.3013*	0.3394*	0.3733*	0.3336*	0.3514*	0.2869*
	$\hat{\beta}_{CMA}$	-0.0367*	0.0263*	-0.0300*	-0.0447*	-0.0079	-0.0925*
Panel B：调整后的拟合优度							
	S/L	0.9898	0.9918	0.9918	0.9915	0.9873	0.9757
	S/M	0.9828	0.9868	0.9879	0.9895	0.9874	0.9812
	S/H	0.9773	0.9816	0.9876	0.9865	0.9890	0.9904
	B/L	0.9665	0.9690	0.9710	0.9789	0.9765	0.9765
	B/M	0.9663	0.9671	0.9707	0.9790	0.9776	0.9802
	B/H	0.9817	0.9812	0.9805	0.9810	0.9856	0.9783
Panel C：均方误差							
	S/L	0.1813	0.1051	0.0597	0.0289	0.0244	0.0223
	S/M	0.1988	0.1073	0.0565	0.0221	0.0148	0.0122
	S/H	0.3184	0.1837	0.0781	0.0363	0.0167	0.0078
	B/L	0.3706	0.1953	0.0948	0.0390	0.0283	0.0199
	B/M	0.2984	0.1678	0.0678	0.0280	0.0182	0.0113
	B/H	0.1652	0.0944	0.0479	0.0247	0.0113	0.0126

注：*表示在95%置信水平下显著。

在表 3.5～表 3.7 中，"长期趋势"一列包含利用各变量尺度系数 S_5 回归的结果，反映了利用最长时间尺度的趋势系数计算出的组合超额收益与模型因子之间的关系，"尺度1"到"尺度5"这 5 列包含利用各时间尺度 λ_j 对应的细节系数 $D_j(j=1,2,3,4,5)$ 计算出的组合超额收益与模型因子之间的关系。$\hat{\alpha}$ 代表最小二乘回归的截距项，$\hat{\beta}_{Mkt}$、$\hat{\beta}_{SMB}$、$\hat{\beta}_{HML}$、$\hat{\beta}_{RMW}$ 和 $\hat{\beta}_{CMA}$ 分别代表市场、规模、价值、盈利和投资五种风险因子的拟合系数。

表中 Panel A 的数据是各种风险因子系数的估计值和显著程度，Panel B 给出了调整后的拟合优度（Adjusted R^2），Panel C 则给出了模型回归的均方误差（MSE）。

从整体上看，所有时间尺度上只有市场因子系数均显著为正，验证了股票组合超额收益与市场平均超额收益之间存在正相关关系，同时也说明其他风险因子只对特定投资组合在特定时间尺度上的超额收益存在解释能力。在所有高频尺度[①]上，截距项的值都不显著且为 0，而在低频尺度上，截距项的值基本显著不为 0，表明三种因子模型在本研究的所有时间尺度上都不能完全解释这 18 种投资组合的超额收益。这也说明从实证的角度不能通过对冲市场风险因子和其他风险因子，真正地实现短期投资组合的阿尔法收益。这可能是目前虽然很多对冲基金声称自己的策略能够通过对冲市场风险等获得超额阿尔法收益，但用它们的实际收益数据与市场指数回归时并不能得到显著阿尔法的值的原因。

对比表 3.5～表 3.7 可以看出，采用 CAPM 模型时，小规模股票组合的市场因子系数在各时间尺度上变化较明显（方差在 0.10～0.13），且都在 8～16 个月的时间尺度上取得最大值；大规模股票组合的市场因

---

① 低频尺度指长期，中频尺度指 λ_4～λ_5，高频尺度指 λ_1～λ_3。

子系数变化较小（方差在 0.010~0.038）；同时小规模投资组合与大规模投资组合的市场因子系数之差的最大值都出现在 8~16 个月的时间尺度上，反映了在此时间尺度上，规模效应可以被更好地捕捉到。而采用 FF3 和 FF5 模型时，所有投资组合的市场因子系数在各时间尺度上的变化都不明显（方差在 0.008~0.053），同时大规模投资组合与小规模投资组合的市场因子系数之差也没有明显变化（方差在 0.015~0.054），说明其他因子的加入消除或者吸收了规模效应。

采用 CAPM 模型时，$\hat{\beta}_{Mkt}$ 的全部细节系数与趋势系数差距较大（尤其是 S 组的数据），说明市场在短期会对投资组合产生过度反应，但是在长期这种反应会被修正，这一点也被 In 等证实，他们认为这种现象符合过度反应理论中短期的错误定价能够被市场自动纠正的观点[①]；但是采用 FF3 和 FF5 模型时，细节系数和趋势系数中包含的因子系数非常接近，说明规模、价值、盈利和投资等因子能够在多个频率上同时解释超额收益，相对于 CAPM 模型来说，其解释投资组合超额收益的能力更强。

In 等根据 CAPM 模型调整后的拟合优度随着时间尺度增加而增加的现象推断出 CAPM 模型的解释能力随时间尺度增加而提高[②]，但本研究未发现调整后的拟合优度具有规律性变化。我们的实证结果显示，对于 CAPM 模型来说，大规模投资组合的调整后的拟合优度总体上显著地比小规模投资组合高，细节系数回归的调整后的拟合优度总体上显著地比趋势系数高；而采用 FF3 和 FF5 模型回归的调整后的拟合优度都处于一个比较高的状态，没有明显的变化趋势，所以从调整后的拟合优度很难判断 FF3 和 FF5 模型的解释能力变化情况。但从均方误差的角度

---

① In, F., S. Kim, and R. Faff. Explaining Mispricing with Fama-French Factors: New Evidence from the Multiscaling Approach. *Applied Financial Economics*, 2010, 20 (4): 323–330.

② In, F., S. Kim, and R. Faff. Explaining Mispricing with Fama-French Factors: New Evidence from the Multiscaling Approach. *Applied Financial Economics*, 2010, 20 (4): 323–330.

看，大多分组的均方误差随着时间尺度的增大而减小，并基本在最大的时间尺度（32~64个月）上达到最小值，从另外一个角度说明了模型的解释能力随着时间尺度的增大而提高，与 Gencay 等、In 等的结论一致。[①]

表 3.8~表 3.10 比较了 H 和 L 分组中市场因子系数和平均超额收益的大小。CAPM 模型回归结果与通常的直观理解基本一致：在固定规模的情况下，低价值的投资组合对应的是高市场风险和低收益，高价值的投资组合对应的是低市场风险和高收益；低投资水平的投资组合对应的是低市场风险和高收益，高投资水平的投资组合对应的是高市场风险和低收益；低盈利能力的投资组合对应的是高市场风险和低收益，高盈利能力的投资组合对应的是低市场风险和高收益。虽然这样的结果看起来贴合实际，但是恰恰反映了 CAPM 模型对于解释股票组合风险溢价的无力。理论上，如果资产定价模型能够完全解释股票组合的风险溢价，那么在任何分类方法和交易周期下，投资组合的超额收益都应该和风险因子成正比关系，即高风险对应高收益。

根据以上分析和表 3.11，CAPM 模型解释股票组合超额收益的能力显然不够理想：对于三种分组形式，较高收益的组合反而都是对应了较低的市场风险。FF3 模型在引入规模和价值因子后，只解决了规模-价值分组中 B 分组的问题。FF5 模型在引入投资和盈利因子后进一步解决了规模-投资分组中 B 分组和规模-盈利分组中 S 分组的问题。因此，FF3 模型对大规模投资组合的价值效应吸收较好；FF5 模型对大规模投资组合的价值效应和投资效应吸收较好，对小规模投资组合的盈利效应吸收较好。

---

① Gencay, R., F. Selcuk, and B. Whitcher. Systematic Risk and Time Scales. *Quantitative Finance*, 2003, 3: 108-160; In, F., S. Kim, and R. Faff. Explaining Mispricing with Fama-French Factors: New Evidence from the Multiscaling Approach. *Applied Financial Economics*, 2010, 20 (4): 323-330.

表3.8 CAPM模型在各时间尺度上市场因子系数和平均超额收益对比

分组		平均超额收益	市场因子系数					
			尺度1	尺度2	尺度3	尺度4	尺度5	长期趋势
价值	S/L	0.9158	1.2405	1.4102	1.5818	1.4513	1.3906	0.8817
	S/H	1.4355	0.9585	1.1377	1.2795	1.1422	1.0347	0.6334
	B/L	0.8903	1.0168	1.0038	0.9987	0.9982	0.9920	1.0332
	B/H	1.0952	0.9038	0.9170	0.9641	0.9329	0.8792	0.7483
投资	S/L	1.3840	1.0581	1.2323	1.4213	1.3055	1.2191	0.6260
	S/H	0.9489	1.2112	1.3761	1.5631	1.4175	1.2878	0.9235
	B/L	1.0635	0.9417	0.9385	0.8636	0.8656	0.9072	0.8007
	B/H	0.8524	1.1175	1.1117	1.1358	1.1405	1.0911	1.1836
盈利	S/L	1.0111	1.1605	1.3366	1.5249	1.4086	1.3610	0.7561
	S/H	1.3355	1.0840	1.2493	1.4324	1.2673	1.1571	0.6944
	B/L	0.8137	1.0580	1.0414	1.0434	1.0961	1.1216	1.1475
	B/H	0.9859	0.9730	0.9462	0.9322	0.9280	0.9212	0.9671

表3.9 FF3模型在各时间尺度上市场因子系数和平均超额收益对比

分组		平均超额收益	市场因子系数					
			尺度1	尺度2	尺度3	尺度4	尺度5	长期趋势
价值	S/L	0.9158	1.0794	1.0556	1.0583	1.0736	1.0760	1.0115
	S/H	1.4355	0.9923	1.0154	1.0040	1.0053	0.9908	1.0062
	B/L	0.8903	0.9746	0.9998	1.0051	0.9955	0.9626	0.9034
	B/H	1.0952	1.0617	1.0400	1.0593	1.0641	1.0479	0.9088
投资	S/L	1.3840	1.0005	0.9907	1.0232	1.0361	1.0288	0.8876
	S/H	0.9489	1.1077	1.0814	1.0907	1.1037	1.0696	1.1214
	B/L	1.0635	1.0134	1.0091	0.9351	0.9467	0.9632	0.8817
	B/H	0.8524	1.0637	1.0809	1.1050	1.1073	1.0412	1.0834
盈利	S/L	1.0111	1.0523	1.0091	1.0529	1.0672	1.1281	0.9620
	S/H	1.3355	1.0517	1.0756	1.0384	1.0451	1.0022	0.9516
	B/L	0.8137	1.0770	1.0538	1.1196	1.1374	1.1432	1.1566
	B/H	0.9859	0.9726	0.9773	0.9517	0.9435	0.9372	0.8989

第 3 章 资产定价模型的小波分析

表 3.10 FF5 模型在各时间尺度上市场因子系数和平均超额收益对比

分组		平均超额收益	市场因子系数					
			尺度 1	尺度 2	尺度 3	尺度 4	尺度 5	长期趋势
价值	S/L	0.9158	1.0676	1.0434	1.0293	1.0446	1.0659	0.9686
	S/H	1.4355	0.9986	1.0211	1.0234	1.0387	1.0113	1.0510
	B/L	0.8903	0.9840	1.0013	1.0228	1.0159	0.9902	0.9309
	B/H	1.0952	1.0530	1.0236	1.0284	1.0222	1.0450	0.8484
投资	S/L	1.3840	1.0250	1.0215	1.0477	1.0540	1.0033	0.9599
	S/H	0.9489	1.0775	1.0512	1.0361	1.0584	1.0576	0.9990
	B/L	1.0635	1.0694	1.0694	1.0274	1.0476	1.0611	1.0145
	B/H	0.8524	1.0170	1.0396	1.0386	1.0436	1.0074	0.9753
盈利	S/L	1.0111	1.0260	1.0108	1.0039	1.0203	1.0391	0.8814
	S/H	1.3355	1.0763	1.0681	1.0703	1.1050	1.0893	1.0089
	B/L	0.8137	1.0357	1.0384	1.0485	1.0591	1.0456	1.0441
	B/H	0.9859	0.9855	0.9812	0.9822	0.9744	0.9950	0.9173

表 3.11 三种模型市场因子系数与平均超额收益的相对高低对比

分组		平均超额收益	市场因子系数		
			CAPM	FF3	FF5
价值	S/L	低	高	高	高
	S/H	高	低	低	低
	B/L	低	高	低*	低*
	B/H	高	低	高*	高*
投资	S/L	高	低	低	低
	S/H	低	高	高	高
	B/L	高	低	低	高*
	B/H	低	高	高	低*
盈利	S/L	低	高	高	低*
	S/H	高	低	低	高*
	B/L	低	高	高	高
	B/H	高	低	低	低

注：* 表示实证结果与理论预期不符。

进一步地，我们对低频趋势数据的回归结果进行分析。由表 3.5 ~ 表 3.7 可知，绝大部分分组在超过 64 个月的长周期上的趋势系数显著。增加了规模、价值、投资和盈利等风险因子后，所有分组的市场因子系数都更加接近于 1，反映了相对于 CAPM 模型来说，FF3 和 FF5 模型对投资组合超额收益的解释能力有显著提高；从整体来看，规模-价值 B/H 分组、规模-投资 S/L 分组和规模-盈利 B/H 分组能够在长期获得比其他分组更加确定的正阿尔法收益。

3.4 本章小结

本章采用多分辨分析方法，利用 MODWT 同时研究了 CAPM、FF3 和 FF5 模型对于投资组合超额收益在不同时间尺度上的系数、显著程度和解释能力变化情况。

对比 $\hat{\alpha}$ 值及其显著性在不同投资组合和时间尺度上的变化，本章发现三种因子模型在本研究的所有时间尺度上都不能完全解释这 18 种投资组合的超额收益；理论上在短期不能通过对冲市场风险和其他因子的影响真正地实现阿尔法收益，但规模-价值 B/H 分组、规模-投资 S/L 分组和规模-盈利 B/H 分组能够在长期获得更加确定的正阿尔法收益。

全部回归结果中只有市场因子系数 $\hat{\beta}_{Mkt}$ 始终显著，说明其他因子只对特定投资组合在某些时间尺度上的超额收益存在解释能力。笔者认为对于不同的投资组合来说，能够解释超额收益的有效解释因子组合不同，并且同一投资组合在不同时间尺度上的有效解释因子组合也不完全相同，因此不能用固定的因子模型分析不同的投资组合。

同时，本研究发现三种因子模型对投资组合超额收益的解释能力随着时间尺度的增加而增强，并且 CAPM、FF3 和 FF5 模型的解释能力也是逐步增强的，FF5 模型对于投资组合超额收益的解释能力优于前两者。其中，FF3 模型对大规模投资组合的价值效应吸收较好；FF5 模型对大规模投资组合的价值效应和投资效应吸收较好，对小规模投资组合的盈利效应吸收较好。

从本章的研究结果来看，市场因子之外的其他风险因子对于投资组合超额收益的解释能力（显著性）在不同的时间周期上是有差异的，投资组合在不同时间周期上对于所有风险因子的敞口也不是常数，因此，单纯采用一种时间周期的数据和固定解释变量个数的线性模型进行线性回归无法估计出一个投资组合对于风险因子的真正敞口。为了避免这些问题，需要引入一种能够允许因子模型的参数和因子个数不断变化的动态研究方法，即下一章所采用的动态模型平均方法。

第 4 章
资产定价模型的动态分析

上一章研究了不同时间尺度上三种因子模型解释能力的变化情况，从研究结果可以看出 FF5 模型的解释能力最强。同时，实证结果也显示，FF5 模型中的五种因子对于投资组合在不同时间尺度上收益率的解释能力存在差异，这种现象反映了风险因子对投资组合的影响是一个动态变化的过程。另外，传统固定变量个数和线性模型的研究方法存在很多缺陷，例如不能满足古典假设、变量自相关、样本选择偏差等。因此，本章引入一种参数可变模型的方法——动态模型平均方法对 FF5 模型进行研究。

动态模型平均方法的主要思路是将证券市场看作一个具有不同状态的系统整体，将 FF5 模型的因子系数向量，即投资组合对于各种风险因子的敞口，看作系统的状态向量构建状态空间模型，并采用卡尔曼滤波进行动态的参数估计。考虑到每一期起作用的因子可能是五种因子之间的任意组合，因此每一期需要构造 32 个状态空间模型，在对这些模型进行参数估计之后，采用贝叶斯模型平均的思想，计算每个模型作为最优预测模型的后验概率，并对其系数估计值进行加权平均，进而获得最优预测模型中各个因子出现的概率和系数估计值。这种方法不仅允许因子模型的参数不断变化，也允许模型的因子个数不断变化，具有很强的灵活性和很高的拟合水平。

采用 French 教授网站数据进行的实证研究表明：动态模型平均方法对投资组合收益率的预测均方误差显著低于固定系数的 FF5 模型；没

有一个固定的因子模型能够解释不同投资组合的收益;不仅如此,模型因子对投资组合收益的解释能力和系数都是动态变化的。

4.1 动态模型平均方法

在本研究中,我们引入由 Raftery 等提出的动态模型平均(Dynamic Model Averaging,DMA)方法,对因子的解释能力和因子系数进行动态分析。DMA 方法融合了以上提到的状态空间模型、贝叶斯模型平均和卡尔曼滤波算法,并引入遗忘因子的概念,极大地缩减了传统贝叶斯模型平均方法的计算量。该方法能够动态地捕捉到模型参数的变化以及最优预测模型中每个解释变量出现的后验概率,适合对结构随时间变化的模型进行分析。[①]

根据控制论的思想,将整个金融市场看作系统整体构建状态空间模型。对应地,投资组合超额收益相当于系统特定部分输出的观测值,因子系数相当于系统状态变量。假设系统状态变量服从马尔科夫链,根据 FF5 模型可以构造动态五因子状态空间模型(State Space Model,SSM),如式(4.1)所示:

$$\begin{cases} R_{i,t} - R_{f,t} = intercept_{i,t} + b_{i,t}(R_{Mkt,t} - R_{f,t}) + s_{i,t} SMB_t + \\ \qquad h_{i,t} HML_t + r_{i,t} RMW_t + c_{i,t} CMA_t + e_{i,t} \\ \begin{bmatrix} b_{i,t} \\ s_{i,t} \\ h_{i,t} \\ r_{i,t} \\ c_{i,t} \end{bmatrix} = \begin{bmatrix} b_{i,t-1} \\ s_{i,t-1} \\ h_{i,t-1} \\ r_{i,t-1} \\ c_{i,t-1} \end{bmatrix} + \mu_{i,t} \end{cases} \quad (4.1)$$

---

① DMA 方法在遗忘因子取 1 时等价于 BMA 算法,参见 Raftery, A., M. Karny, P. Ettler. On-line Prediction under Model Uncertainty Via Dynamic Model Averaging: Application to a Cold Rolling Mill. *Technometrics*, 2010, 52。

其中，$e_{i,t}$ 和 $\mu_{i,t}$ 为相互独立的扰动项，且都服从均值为 0 的正态分布。

对于以上状态空间模型的动态参数估计多采用卡尔曼滤波（Kalman Filtering，KF）算法，而对于模型因子解释能力的判断则通常采用贝叶斯模型平均（Bayesian Model Average，BMA）方法。

贝叶斯模型平均方法是动态模型平均方法的基础，它能够最大化地利用所收集到的信息，是处理经济计量建模中不确定性问题的有效方法。具体来说，贝叶斯模型平均方法首先根据解释变量的个数 N 构建 $K=2^N$ 个备选模型，通过每个备选模型计算被解释变量的预测值，再利用最大期望算法（Expectation Maximization Algorithm，EM 算法）或马尔科夫链蒙特卡洛模拟（Markov Chain Monte Carlo Simulation，MCMC 模拟）计算出每个备选模型能够准确预测结果的后验概率，将后验概率作为权重对备选模型求和（即"模型平均"），进而获得能够准确预测被解释变量的最优预测模型。

综上所述，动态模型平均方法首先对所有备选模型构造状态空间模型，通过卡尔曼滤波对每一期的所有备选模型进行参数估计和预测，再利用贝叶斯模型平均方法估计出每个备选模型在当期成为最优预测模型的后验概率，进而对所有备选模型进行加权求和，计算出每一期的最优预测模型。这种方法不仅突破了贝叶斯模型平均只能解决静态问题的局限，而且利用状态空间模型和卡尔曼滤波可以在具有不确定性干扰的复杂模型空间里提高预测的稳定性。

以下先分析单个备选模型的建模过程，再扩展到系统整体进行分析。

4.1.1 单个备选模型

为了更好地处理金融系统中存在大量的不确定性，首先需要将线性的因子模型改造成状态空间模型的形式。状态空间模型一般包含量测方程和状态方程，量测方程将系统的输入信号、输出信号和状态变量联系在一起，而状态方程反映了系统状态变量的变化。

状态空间模型具有很多优点,适合针对动态系统进行分析和建模:首先,状态空间模型不仅能反映系统内部的状态变化,还能反映输入信号、输出信号和状态变量之间的联系;其次,在进行适当的假设以后,状态空间模型可以只用最新的观测数据描述系统的状态,不需要大量的历史数据;最后,状态空间模型能够同时处理可观测和不可观测的状态变量。

在动态模型平均方法中,对于第 $k=1,2,\cdots,K$ 个备选模型,用 $x_t^{(k)}$ 代表第 t 期状态变量矩阵,$\theta_t^{(k)}$ 代表第 t 期系数矩阵,$\varepsilon_t^{(k)} \sim$ i.i.d. $N(0, H_t^{(k)})$ 代表模型扰动项,即观测值 y_t 中不能被旧的 $x_t^{(k)}$ 解释的部分,则备选模型 k 在第 t 期的量测方程可以写作:

$$y_t = x_t^{(k)} \theta_t^{(k)} + \varepsilon_t^{(k)} \tag{4.2}$$

假设系统状态变量服从马尔科夫链,则系数矩阵 $\theta_t^{(k)}$ 的更新满足状态方程:

$$\theta_t^{(k)} = \theta_{t-1}^{(k)} + \mu_t^{(k)} \tag{4.3}$$

其中,状态扰动项 $\mu_t^{(k)} \sim$ i.i.d. $N(0, Q_t^{(k)})$,且 $\varepsilon_t^{(k)}$ 和 $\mu_t^{(k)}$ 不相关。

由式(4.2)和式(4.3)构造的状态空间模型,可以利用卡尔曼滤波对系统状态变量进行动态最优估计,这里的"滤波"指的是利用已知信息估计当前的状态。当扰动项和初始状态向量服从正态分布时,该算法能够通过预测误差分解计算似然函数,进而估计出所有未知参数。只要能够不断地获得量测值,卡尔曼滤波就能够连续修正对状态向量的估计以适应系统结构的变化,并且不要求输入和输出信号必须是平稳过程。

假设第 t 期量测方程的系数服从(以下省略代表模型序号的 k)下式:

$$\theta_t \mid Y^{[t]} \sim N(\hat{\theta}_t, \Sigma_t) \tag{4.4}$$

其中,$Y^{[t]} = \{y_1, y_2, \cdots, y_t\}$ 是第 t 期之前所有量测值的信息集,$\hat{\theta}_t$ 是该量测方程的 OLS 回归值,Σ_t 是量测误差的方差。

而第 $t+1$ 期的预测方程为：

$$\theta_{t+1} \mid Y^{[t]} \sim N(\hat{\theta}_t, \sum\nolimits_{t+1}) \tag{4.5}$$

其中：

$$\sum\nolimits_{t+1} = \sum\nolimits_t + Q_{t+1} \tag{4.6}$$

Raftery 等指出，Q_{t+1} 是不可观测的状态方程扰动项的方差，代表了不确定性对状态变量的影响程度，需要通过马尔科夫链蒙特卡洛模拟对其进行估计。[1] 而根据 Fagin 和 Jazwinsky 的研究[2]，式（4.6）可以简化为：

$$\sum\nolimits_{t+1} = \frac{1}{\lambda}\sum\nolimits_t \text{ 或 } Q_{t+1} = (\lambda^{-1} - 1)\sum\nolimits_t \tag{4.7}$$

其中，λ 是略小于 1 的"遗忘因子"，Hannan 等把 λ 看作上一期参数估计的方差对当期影响的权重，例如 j 期之前参数估计的方差在当期的权重为 λ^j[3]；而 Jazwinsky 把 λ 看作某一期方差的有效窗口[4]。一般地，假如 λ 的取值设定为 0.99，那么对于月度经济数据来说，当月数据对五年后同样月份的影响为 54.72%；而对于季度经济数据来说，当季数据对五年后同一季度的影响为 81.79%。因此在同时选用月度和季度数据进行计算时，需要考虑变换的取值。这也说明 λ 的取值对于考虑滞后期的影响十分重要，在本书中我们尝试的范围是 $\lambda \in [0.95, 0.99]$。因此，在设定了 $\sum\nolimits_0$ 后，整个递归过程的计算就不需要考虑 Q_t 了。

---

[1] Raftery, A., M. Karny, P. Ettler. Online Prediction under Model Uncertainty Via Dynamic Model Averaging: Application to a Cold Rolling Mill. *Technometrics*, 2010, 52.

[2] Fagin, S. Recursive Linear Regression Theory, Optimal Filter Theory, and Error Analyses of Optimal Systems. IEEE International Convention Record, Part 1, 1964; Jazwinsky, A. *Stochastic Processes and Filtering Theory*. NewYork: Academic Press, 1970.

[3] Hannan, E., A. McDougall, D. Poskitt. Reskitt Recursive Estimation of Autoregressions. *Journal of the Royal Statistical Society*, Series B, 1989, 51.

[4] Jazwinsky, A. *Stochastic Processes and Filtering Theory*. NewYork: Academic Press, 1970.

在估计出状态方程的方差之后，还需要初始化并利用 KF 算法连续估计的值，即连续更新式（4.5），其中：

$$\hat{\theta}_t = \hat{\theta}_{t-1} + \sum\nolimits_{t|t-1} x_t (H_t + x_t \sum\nolimits_{t|t-1} x_t')^{-1} (y_t - x_t \hat{\theta}_{t-1}) \quad (4.8)$$

$$\sum\nolimits_{t|t} = \sum\nolimits_{t|t-1} - \sum\nolimits_{t|t-1} x_t (H_t + x_t \sum\nolimits_{t|t-1} x_t')^{-1} x_t \sum\nolimits_{t|t-1} \quad (4.9)$$

在滤波过程中，如果采用一步向前预测，那么 y_t 的分布为：

$$y_t \mid Y^{[t-1]} \sim N(x_t \hat{\theta}_{t-1}, H_t + x_t \sum\nolimits_{t|t-1} x_t') \quad (4.10)$$

其中，当 $t \to \infty$ 时，$H_t^* = \frac{1}{t} \sum\nolimits_{r=1}^{t} [(y_r - x_r \hat{\theta}_{r-1})^2 - x_r \sum\nolimits_{r|r-1} x_r'] \xrightarrow{P} H$。

对于 $H_t^{(k)}$ 的处理有两种方法：Raftery 等简单地设置 $H_t^{(k)}$ 为定值，在递归开始之前按照经验给定即可[①]；Koop 和 Korobilis 采用 EWMA 方法来估计 $H_t^{(k)}$，并通过实证验证了这种方法的效果可以接受[②]，本书的研究采用了这种方法。

EWMA 方法估计 $H_t^{(k)}$ 的方程为：

$$\hat{H}_t^{(k)} = \sqrt{(1-\tau) \sum\nolimits_{j=1}^{t} \tau^{j-1} (y_j - x_j^{(k)} \hat{\theta}_j^{(k)})^2} \quad (4.11)$$

递归实现方程为：

$$\hat{H}_{t+1|t}^{(k)} = \tau \hat{H}_{t|t-1}^{(k)} + (1-\tau)(y_j - x_j^{(k)} \hat{\theta}_j^{(k)})^2 \quad (4.12)$$

其中，τ 为 EWMA 的权重，数值等于窗口长度的倒数。

4.1.2　系统整体

接下来讨论如何计算第 $t+1$ 期的最优预测模型。假设 $L_t \in \{1, 2, \cdots,$

---

① Raftery, A., M. Karny, P. Ettler. Online Prediction under Model Uncertainty Via Dynamic Model Averaging: Application to a Cold Rolling Mill. *Technometrics*, 2010, 52.
② Koop, G., D. Korobilis. *Forecasting Inflation Using Dynamic Model Averaging*. Social Science Electronic Publishing, 2009, 53.

K}代表第 t 期被选择的模型序号，系数矩阵集合 $\Theta_t = \{\theta_t^{(1)}, \theta_t^{(2)}, \cdots, \theta_t^{(K)}\}$ 代表全部备选模型系数矩阵构成的集合，在利用第 $t+1$ 期之前的数据对 y_{t+1} 进行预测时，首先要计算单个备选模型预测成功的条件概率 $p(L_{t+1} = k \mid Y^{[t]})$，并将该值作为该备选模型的先验预测概率。

已知备选模型预测 y_{t+1} 的先验概率，就可以通过 y_{t+1} 的实际值更新备选模型后验概率和下一期先验概率的预测方程：

$$y_t \mid L_t = k \sim N(x_t^{(k)} \widehat{\theta}_t^{(k)}, H_{t\mid t}^{(k)}) \text{ 或 } \Theta_t \mid L_t = k, Y^{[t]} \sim N(\widehat{\theta}_t^{(k)}, \sum\nolimits_{t\mid t}^{(k)}) \quad (4.13)$$

$$\Theta_{t+1} \mid L_{t+1} = k, Y^{[t]} \sim N(\widehat{\theta}_{t+1}^{(k)}, \sum\nolimits_{t+1\mid t}^{(k)}) \quad (4.14)$$

$$\Theta_{t+1} \mid L_{t+1} = k, Y^{[t+1]} \sim N(\widehat{\theta}_{t+1}^{(k)}, \sum\nolimits_{t+1\mid t+1}^{(k)}) \quad (4.15)$$

其中，$\sum\nolimits_{t+1\mid t}^{(k)}$、$\widehat{\theta}_{t+1}^{(k)}$ 和 $\sum\nolimits_{t+1\mid t+1}^{(k)}$ 可以通过式（4.7）~式（4.9）得到。

以上对 Θ_{t+1} 计算的结果都是基于条件 L_{t+1}、$Y^{[t]}$ 和 $Y^{[t+1]}$ 的，对每个备选模型的计算只能更新 Θ_t 中的一部分数据 $\theta_t^{(k)}$，因此，我们还需要对无条件下的 Θ_{t+1} 进行判别。

假设模型的选择过程服从马尔科夫链，则状态 Θ_t 和 Θ_{t+1} 的转换可以通过 $K \times K$ 阶转移矩阵（Transition Matrix）实现：

$$P = (p_{ij}), p_{ij} = p(L_t = i \mid L_{t-1} = j) \quad (4.16)$$

其中，$i, j = 1, 2, \cdots, K$。

利用转移矩阵进行贝叶斯推导非常简便，但是对于转移矩阵的估计则需要对全部备选模型进行马尔科夫链蒙特卡洛模拟，这项工作的计算量非常大。为了解决这个问题，Raftery 等再次引入了遗忘因子 α，提出在满足马尔科夫链的多模型设定下，基础状态（Θ_t, L_t）的概率分布可以写作：[1]

---

[1] Raftery, A., M. Karny, P. Ettler. Online Prediction under Model Uncertainty Via Dynamic Model Averaging: Application to a Cold Rolling Mill. *Technometrics*, 2010, 52.

第4章 资产定价模型的动态分析

$$p(\Theta_t \mid L_t) = \sum_{k=1}^{K} p(\theta_t^{(k)} \mid L_t = k) p(L_t = k) \quad (4.17)$$

假设在第 $t-1$ 期,已知观测数据条件下全部模型及参数的条件分布函数为:

$$p(\Theta_{t-1}, L_{t-1} \mid Y^{[t-1]}) = \sum_{k=1}^{K} p(\theta_{t-1}^{(k)} \mid L_{t-1} = k, Y^{[t-1]}) p(L_{t-1} = k \mid Y^{[t-1]})$$
$$(4.18)$$

其中,$\theta_{t-1}^{(k)}$ 的条件分布函数近似服从正态分布,即:

$$(\theta_{t-1}^{(k)} \mid L_{t-1} = k, Y^{[t-1]}) \sim N(\widehat{\theta}_{t-1}^{(k)}, \sum_{t-1}^{(k)}) \quad (4.19)$$

再令 $\pi_{t \mid s, l} \equiv P[L_t = l \mid Y^{[s]}]$,则模型预测方程可以写作:

$$\pi_{t \mid t-1, k} \equiv P[L_t = k \mid Y^{[t-1]}] = \sum_{i=1}^{K} \pi_{t-1 \mid t-1, i} \, p_{ki} \quad (4.20)$$

其中:

$$\pi_{t \mid t-1, k} = \frac{\pi_{t-1 \mid t-1, k}^{\alpha}}{\sum_{i=1}^{K} \pi_{t-1 \mid t-1, i}^{\alpha}} \quad (4.21)$$

Smith 和 Miller 证明了这种替换不会破坏模型。[①]

综合以上,本节得到采用遗忘因子的参数预测方程为:

$$(\theta_t^{(k)} \mid L_t = k, Y^{[t-1]}) \sim N(\widehat{\theta}_{t-1}^{(k)}, \lambda^{-1} \sum_{t-1}^{(k)}) \quad (4.22)$$

系统在获得新数据后将会对各个模型进行更新,这个更新过程分为后验概率更新和参数更新。其中,后验概率的更新方程为:

$$\pi_{t \mid t, k} = \frac{\pi_{t \mid t-1, k} \, p_k(y_t \mid Y^{[t-1]})}{\sum_{i=1}^{K} \pi_{t \mid t-1, i} \, p_i(y_t \mid Y^{[t-1]})} \quad (4.23)$$

主要更新的是所有备选模型在第 t 期能够成功预测投资组合收益的

---

① Smith, R., J. Miller. A Non-Gaussian State Space Model and Application to Prediction of Records. *Journal of the Royal Statistical Society*, Series B, 1986, 48.

后验概率，即它们在第 t 期最优预测模型中的权重。

参数的更新方程为：

$$(\theta_t^{(k)} \mid L_t = k, Y^{(t)}) \sim N(\hat{\theta}_t^{(k)}, \textstyle\sum_t^{(k)}) \qquad (4.24)$$

至此，我们就可以通过编程利用以上递归算法对模型解释变量进行后验概率和参数的估计。因子 i 在第 t 期出现的后验概率 $I_t(i)$ 可以通过式（4.23）计算：

$$I_t(i) = \sum_{k=1}^{K} \pi_{t|t,k} I_t(i,k) \qquad (4.25)$$

其中，$I_t(i,k)$ 为指示函数，当第 t 期备选模型 k 中包含因子 i 时，$I_t(i,k)=1$，反之 $I_t(i,k)=0$。第 t 期最优预测模型的系数向量为：

$$\theta_t = \sum_{k=1}^{K} \pi_{t|t,k} \theta_t^{(k)} \qquad (4.26)$$

4.2 实证过程和结果

4.2.1 数据描述性统计

本研究采用的数据是 French 教授网站上的月度数据，样本从 1963 年 7 月到 2016 年 5 月。其中，五因子数据是根据规模（大、小）分别与价值（价值、中性和成长）、盈利（脆弱、中性和稳健）和投资（持续、中性和激进）构造市值加权 2×3 分组计算得到的。我们选取了规模、价值、投资、盈利、现金、分红和市盈率等七大类数据，每个大类的收益数据按市值加权和平均加权分为两个小类，每个小类又包含 18 个分组，其中包括三分组、五等分组和十等分组，共计 252 个不同的投资组合收益数据序列。

下文中，Lo30、Med40、Hi30 分别代表将全体样本分为三组时，处于第 30 百分位数以内的分组、第 30~70 百分位数之间的分组和第 70

百分位数以上的分组；Lo20、Qnt2、Qnt3、Qnt4 和 Hi20 代表将全体样本进行五等分后从低到高的五个分组；Lo10、Dec2、Dec3、…、Hi10 代表将全体样本进行十等分后从低到高的十个分组。例如，"价值按市值加权 Hi30 分组"就表示将全市场股票按照账面市值比进行排序后，把高于第 70 百分位数的所有股票按照市值进行加权构造出的投资组合。

通过对以上 252 个分组收益数据的期望值、方差和 JB 统计量进行简单分析，可以看出所有收益数据序列均不服从正态分布，具体结果见表 4.1~表 4.3。

表 4.1 各分组收益数据的期望值

分组方式	市值加权							平均加权						
	ME	B/M	INV	OP	CF/P	D/P	E/P	ME	B/M	INV	OP	CF/P	D/P	E/P
Lo30	1.16	0.88	1.10	0.82	0.87	0.91	0.85	1.30	0.87	1.60	1.24	1.00	1.22	1.05
Med40	1.12	0.98	0.96	0.90	0.94	0.95	0.97	1.12	1.31	1.31	1.26	1.31	1.28	1.27
Hi30	0.89	1.17	0.86	1.01	1.19	1.02	1.19	0.98	1.62	0.90	1.28	1.58	1.26	1.52
Lo20	1.14	0.87	1.18	0.82	0.85	0.90	0.83	1.32	0.80	1.65	1.24	0.95	1.22	1.03
Qnt2	1.16	0.96	1.00	0.85	0.92	0.97	0.93	1.14	1.16	1.40	1.20	1.25	1.17
Qnt3	1.14	0.97	0.95	0.89	0.97	0.92	0.92	1.13	1.31	1.31	1.24	1.31	1.28	1.27
Qnt4	1.08	1.09	0.95	0.94	1.04	1.03	1.16	1.08	1.42	1.26	1.26	1.41	1.32	1.36
Hi20	0.87	1.23	0.85	1.04	1.26	1.02	1.24	0.94	1.70	0.80	1.28	1.65	1.21	1.57
Lo10	1.17	0.84	1.18	0.79	0.84	0.91	0.84	1.39	0.70	1.71	1.23	0.90	1.16	0.98
Dec2	1.12	0.93	1.18	0.88	0.89	0.88	0.84	1.07	0.99	1.55	1.28	1.05	1.27	1.10
Dec3	1.20	0.96	1.02	0.84	0.94	0.97	0.94	1.17	1.10	1.44	1.31	1.16	1.22	1.13
Dec4	1.13	0.96	1.00	0.89	0.92	0.99	0.95	1.11	1.35	1.32	1.23	1.28	1.20
Dec5	1.17	0.95	0.98	0.89	0.99	0.87	0.90	1.15	1.26	1.33	1.24	1.27	1.27	1.27
Dec6	1.11	1.00	0.94	0.90	0.98	0.98	1.00	1.12	1.36	1.29	1.24	1.35	1.29	1.27
Dec7	1.11	1.09	1.01	0.95	1.01	0.99	1.16	1.10	1.41	1.29	1.26	1.41	1.30	1.34
Dec8	1.07	1.10	0.91	0.94	1.08	1.07	1.14	1.05	1.44	1.22	1.27	1.41	1.34	1.39
Dec9	0.99	1.19	0.96	1.10	1.23	1.05	1.15	1.00	1.59	1.09	1.29	1.57	1.24	1.49
Hi10	0.85	1.32	0.73	0.98	1.31	0.97	1.36	0.89	1.79	0.65	1.27	1.71	1.17	1.63

注：ME 表示规模，B/M 表示价值，INV 表示投资，OP 表示盈利，CF/P 表示现金，D/P 表示分红，E/P 表示市盈率。

表 4.2 各分组收益数据的方差

分组方式	市值加权 ME	B/M	INV	OP	CF/P	D/P	E/P	平均加权 ME	B/M	INV	OP	CF/P	D/P	E/P
Lo30	6.15	4.69	4.43	5.09	4.80	5.09	4.81	6.39	6.62	6.36	6.70	5.97	5.40	6.05
Med40	5.32	4.33	4.06	4.36	4.32	4.27	4.21	5.67	5.40	4.97	5.10	5.01	4.70	4.98
Hi30	4.28	4.70	5.21	4.40	4.37	3.96	4.56	4.82	5.69	6.48	5.67	5.43	4.15	5.25
Lo20	6.29	4.82	4.82	5.47	5.04	5.31	5.10	6.47	6.89	6.84	7.08	6.25	5.57	6.27
Qnt2	5.87	4.52	4.03	4.45	4.47	4.70	4.35	6.12	5.86	4.99	5.25	5.23	5.05	5.34
Qnt3	5.38	4.36	4.14	4.37	4.40	4.38	4.29	5.68	5.39	4.93	5.09	4.99	4.74	5.01
Qnt4	5.05	4.35	4.46	4.47	4.22	4.16	4.29	5.28	5.18	5.34	5.22	5.01	4.34	4.85
Hi20	4.24	5.01	5.61	4.44	4.61	4.07	4.90	4.66	5.93	6.85	5.87	5.63	4.16	5.43
Lo10	6.34	5.08	5.37	6.45	5.59	5.70	5.72	6.58	7.31	7.63	7.83	6.63	5.88	6.66
Dec2	6.33	4.68	4.74	4.92	4.68	5.08	4.76	6.48	6.31	5.77	5.65	5.80	5.35	5.82
Dec3	6.03	4.59	4.31	4.65	4.51	4.98	4.57	6.25	5.98	5.14	5.39	5.36	5.12	5.54
Dec4	5.79	4.71	4.04	4.53	4.66	4.65	4.37	6.01	5.80	4.91	5.16	5.14	5.03	5.19
Dec5	5.59	4.44	4.18	4.33	4.57	4.75	4.47	5.87	5.50	4.95	5.09	5.04	4.86	5.12
Dec6	5.26	4.49	4.32	4.67	4.47	4.39	4.34	5.52	5.33	4.97	5.13	4.98	4.68	4.94
Dec7	5.16	4.41	4.41	4.64	4.36	4.42	4.44	5.38	5.18	5.23	5.16	5.02	4.43	4.86
Dec8	5.02	4.52	4.73	4.53	4.38	4.22	4.40	5.21	5.25	5.49	5.31	5.05	4.29	4.89
Dec9	4.60	4.79	5.40	4.46	4.48	4.10	4.81	4.85	5.50	6.02	5.60	5.38	4.08	5.06
Hi10	4.22	5.83	6.08	4.62	5.20	4.47	5.33	4.57	6.44	7.42	6.17	5.90	4.41	5.82

表 4.3 各分组收益数据的 JB 统计量

分组方式	市值加权 ME	B/M	INV	OP	CF/P	D/P	E/P	平均加权 ME	B/M	INV	OP	CF/P	D/P	E/P
Lo30	137.4	114.3	119.0	129.5	88.8	129.3	92.9	193.5	156.9	223.1	243.8	164.6	248.6	144.6
Med40	161.5	164.3	164.9	135.0	189.7	156.4	151.8	164.7	291.1	331.6	303.1	407.2	381.8	441.5
Hi30	103.2	284.7	100.2	115.5	174.4	217.4	206.1	119.8	467.9	197.0	279.4	475.5	614.7	495.0
Lo20	144.5	92.1	126.1	171.3	83.0	125.8	77.1	195.0	162.9	241.4	247.8	138.3	214.0	115.3
Qnt2	136.9	164.6	103.9	144.1	132.6	99.7	131.0	157.4	202.4	314.3	308.6	303.7	341.3	347.6
Qnt3	145.7	210.3	133.1	116.6	195.1	160.5	136.1	162.4	282.3	335.0	292.3	396.5	351.1	456.8

续表

分组方式	市值加权							平均加权						
	ME	B/M	INV	OP	CF/P	D/P	E/P	ME	B/M	INV	OP	CF/P	D/P	E/P
Qnt4	139.1	181.0	153.8	83.1	161.6	133.6	162.9	146.3	347.7	286.3	322.2	417.3	432.2	420.5
Hi20	99.9	175.1	84.3	145.1	251.5	393.9	222.3	123.9	496.7	197.9	270.1	530.1	790.7	486.4
Lo10	153.7	61.7	153.1	119.7	81.3	112.2	62.8	199.2	207.3	250.8	314.6	122.6	184.1	108.6
Dec2	137.9	126.5	95.8	185.9	89.3	116.6	89.1	173.9	118.6	304.7	261.8	183.9	260.4	147.7
Dec3	123.8	176.9	90.2	79.2	107.6	98.1	98.5	164.3	170.3	279.5	325.4	263.1	336.6	261.5
Dec4	141.2	163.2	116.9	187.7	130.8	89.1	154.2	143.9	235.1	330.4	288.3	330.1	330.4	436.1
Dec5	150.2	184.0	110.9	118.4	240.4	266.4	125.0	182.9	279.0	362.8	321.0	353.3	357.4	427.3
Dec6	131.2	213.7	130.3	105.3	128.7	126.0	143.3	129.8	270.8	305.2	246.1	417.0	322.4	452.1
Dec7	179.0	92.5	162.4	117.3	196.5	164.5	127.8	179.4	319.4	284.2	303.8	482.9	442.7	358.9
Dec8	111.6	353.1	128.6	58.8	106.6	135.1	154.0	113.3	356.6	271.2	314.0	337.6	408.3	475.1
Dec9	129.8	115.9	89.0	130.5	259.0	93.3	211.9	161.1	446.0	200.3	332.1	552.9	548.6	510.1
Hi10	92.0	599.4	81.2	130.7	182.0	1389.3	206.9	108.1	600.3	225.6	209.7	468.4	1249	426.2

4.2.2 实证研究结果

利用 DMA 方法进行参数估计和解释变量筛选，遗忘因子分别取 0.95、0.98、0.99 和 1。经过初步分析，当遗忘因子 $\lambda = 0.99$，$\alpha = 0.99$ 时，既能保证它们对各因子的区分能力较强，又能保证不过分夸大历史数据的影响。

利用 DMA 方法对于每组数据进行计算的结果包含以下两组数据：

- 每个时期各模型的后验概率 $\pi_{t|t,k}$；
- 每个时期利用 OLS 估计出的模型系数矩阵 $\theta_t^{(k)}$。

利用以上两组数据我们可以计算出每一组数据在每个时期的下列数据：

- 加权平均模型系数 $\theta_t = \sum_{k=1}^{K} \pi_{t|t,k} \theta_t^{(k)}$；
- 各因子出现的后验概率 $I_t(i) = \sum_{k=1}^{K} \pi_{t|t,k} I_t(i,k)$，其中 $I_t(i,k)$ 为

指示函数，当备选模型 k 中包含因子 i 时，$I_t(i,k)=1$，反之 $I_t(i,k)=0$；

- 有效预测因子个数的期望 $N = \sum_{i=1}^{5} I(i)$。

分别基于规模、价值、投资、盈利、现金、分红和市盈率等七种指标，利用 DMA 方法对根据市值加权和平均加权构造的三分组、五等分组和十等分组投资组合的收益数据序列进行运算。将每一期中单个模型的后验概率作为权重，对五种因子同时出现的个数、后验概率和系数估计进行加权求和，得到每一期的最优预测变量个数、各因子后验概率和系数，并绘图。

4.2.2.1　DMA 方法与 FF5 模型预测能力对比

同时利用 DMA 方法和 FF5 模型对下一期投资组合收益率进行预测，并计算样本整体均方误差（MSE），结果见表 4.4 和表 4.5。

表 4.4　FF5 模型预测均方误差（MSE_{FF5}）

分组方式	市值加权 ME	B/M	INV	OP	CF/P	D/P	E/P	平均加权 ME	B/M	INV	OP	CF/P	D/P	E/P
Lo30	26.91	50.64	41.00	45.22	24.41	48.28	31.48	47.06	28.05	40.93	32.74	35.33	28.09	51.79
Med40	22.58	32.03	33.28	36.87	22.35	30.60	21.80	29.78	22.88	28.75	23.43	26.00	21.60	29.50
Hi30	26.07	40.94	32.45	28.57	34.86	51.97	26.68	42.01	25.07	32.55	22.10	20.93	52.01	29.96
Lo20	30.66	65.09	43.06	52.23	28.24	51.30	38.06	51.83	32.01	47.09	33.33	37.86	30.89	44.69
Qnt2	22.81	37.31	41.34	44.43	20.77	28.03	23.88	32.00	23.33	33.72	25.83	29.49	26.23	35.94
Qnt3	27.74	34.50	34.24	37.90	27.22	27.95	22.00	29.53	23.76	28.39	28.19	26.76	21.89	29.11
Qnt4	20.49	33.27	44.69	40.67	25.60	34.80	24.34	31.32	23.06	29.34	21.41	24.37	23.15	26.76
Hi20	33.69	41.32	22.02	29.34	34.44	53.58	57.61	49.52	28.29	35.23	26.08	23.60	44.05	33.41
Lo10	36.58	60.95	41.80	45.32	34.38	66.35	50.45	82.64	49.13	52.16	36.14	36.93	42.09	51.41
Dec2	29.94	48.93	49.70	49.25	24.33	40.90	32.16	37.49	27.41	45.69	27.99	32.59	25.90	38.75
Dec3	25.35	40.11	43.92	45.23	24.93	29.26	27.25	33.34	22.95	34.18	29.87	35.95	44.16	
Dec4	28.16	35.82	40.81	42.34	21.25	28.25	24.27	32.68	25.70	30.17	25.93	33.27	24.29	34.96
Dec5	26.79	34.90	39.39	41.60	23.90	29.37	43.52	29.70	24.21	29.89	29.88	28.56	25.08	29.76
Dec6	24.91	32.22	32.27	35.19	23.55	27.52	26.10	29.58	24.55	28.39	48.54	27.68	24.89	29.43

第4章 资产定价模型的动态分析

续表

分组方式	市值加权							平均加权					
	ME	B/M	INV	OP	CF/P	D/P	E/P	ME	B/M	INV	OP	CF/P	D/P	E/P
Dec7	25.28	30.39	38.55	42.55	44.19	30.23	27.94	29.73	28.98	31.39	23.63	23.08	27.23	31.33
Dec8	24.10	33.27	29.84	32.24	28.55	33.67	26.22	32.17	22.32	29.08	23.16	21.18	27.14	32.27
Dec9	37.70	36.00	25.49	28.31	35.93	46.16	32.50	43.32	25.53	33.29	22.81	18.77	26.61	31.51
Hi10	37.14	40.88	55.85	25.46	43.57	59.15	26.98	50.05	40.05	43.87	24.70	24.69	37.15	39.21

表 4.5　DMA 方法预测均方误差（MSE_{DMA}）

分组方式	市值加权							平均加权					
	ME	B/M	INV	OP	CF/P	D/P	E/P	ME	B/M	INV	OP	CF/P	D/P	E/P
Lo30	22.85	45.06	40.96	42.18	20.50	40.86	27.14	46.57	24.43	37.72	27.36	30.67	24.23	37.30
Med40	19.59	31.74	29.75	34.15	17.18	26.85	20.35	26.80	20.16	26.61	20.02	23.65	19.15	27.30
Hi30	23.27	33.46	19.32	24.70	28.54	44.18	20.49	34.36	20.50	31.64	16.97	18.75	21.83	29.98
Lo20	24.89	48.90	41.79	42.61	24.78	47.71	32.69	52.06	26.37	40.58	29.55	31.87	28.38	40.80
Qnt2	21.43	36.06	36.38	39.48	17.67	26.91	21.74	28.98	21.48	29.14	23.38	27.77	20.29	29.91
Qnt3	19.71	30.06	30.92	34.87	18.49	25.54	20.47	27.55	20.90	26.97	20.67	24.81	20.32	27.40
Qnt4	19.98	29.67	26.97	29.66	21.04	30.67	21.11	28.92	19.15	27.11	18.63	19.56	20.20	25.07
Hi20	27.17	35.83	18.99	23.45	33.32	50.07	20.75	36.65	22.84	34.50	17.90	19.45	25.26	31.80
Lo10	27.07	55.21	41.83	43.26	30.01	58.73	44.38	62.92	32.48	46.35	34.72	36.32	34.41	45.93
Dec2	23.93	42.33	42.51	44.38	23.75	33.78	26.31	32.79	23.32	35.23	27.64	30.52	24.36	34.97
Dec3	22.55	38.52	38.67	40.87	19.62	28.19	23.44	30.84	21.57	30.29	26.77	27.56	22.44	32.33
Dec4	24.33	35.80	35.64	37.98	17.58	25.09	21.69	28.07	23.58	28.47	23.13	26.72	20.39	27.77
Dec5	20.98	32.12	33.30	36.31	18.13	26.06	19.80	28.21	22.22	27.09	24.20	25.06	22.04	28.08
Dec6	21.29	30.91	30.54	33.36	19.90	26.24	22.70	28.27	21.07	26.20	21.23	23.52	20.62	26.11
Dec7	20.98	29.37	28.09	30.82	21.29	29.81	22.91	28.39	20.51	27.18	21.56	21.76	20.93	25.31
Dec8	21.56	29.44	26.65	28.83	24.64	32.04	21.99	29.10	20.25	26.80	18.96	20.64	21.23	25.67
Dec9	24.47	32.32	26.24	24.63	31.20	37.44	20.84	32.40	21.19	30.45	17.76	18.66	24.34	27.89
Hi10	36.60	41.17	18.92	22.62	39.34	58.89	22.44	40.11	28.42	37.16	20.73	20.74	30.07	36.24

从表 4.4 和表 4.5 的数据可以看出，252 种投资组合利用 DMA 方法预测的下一期投资组合收益率的均方误差普遍低于直接利用 FF5 模型进行的预测。用 $\text{MSE}_{\text{DMA}_k}$ 代表利用 DMA 方法对第 k 个投资组合进行预测时

的均方误差，$\text{MSE}_{\text{FF5}_k}$ 代表利用 FF5 模型对第 k 个投资组合进行预测时的均方误差。对 $\text{MSE}_{\text{DMA}_k} - \text{MSE}_{\text{FF5}_k}$ 序列进行单变量 t 检验发现，t 统计量为 -15.3243，均值 95% 的置信区间为 [-5.6538, -4.3661]，拒绝了该序列均值为 0 的原假设，因此可以推断 DMA 方法的预测效果好于 FF5 模型。

4.2.2.2 对市盈率效应的分析

图 4.1～图 4.4 验证了 Basu 提出的市盈率效应。[①] 在 1977 年 Basu 的论文发表之前，对于较高市盈率分组的投资组合来说，无论采用市值加权还是采用平均加权的方式，盈利因子是唯一一个长期有效的因子（见图 4.1、图 4.2）。但对于平均加权的高市盈率投资组合来说，1983 年之后投资因子取代了盈利因子成为唯一有效的因子（见图 4.2）。从盈利因子系数来看，市值加权分组的系数在 1983 年之后从正变负，说明盈利因子此后对该分组的影响方向与之前截然相反（见图 4.3）；而平均加权分组的系数在 1983 年之后从正变为 0，说明市盈率效应不再有效（见图 4.4）。

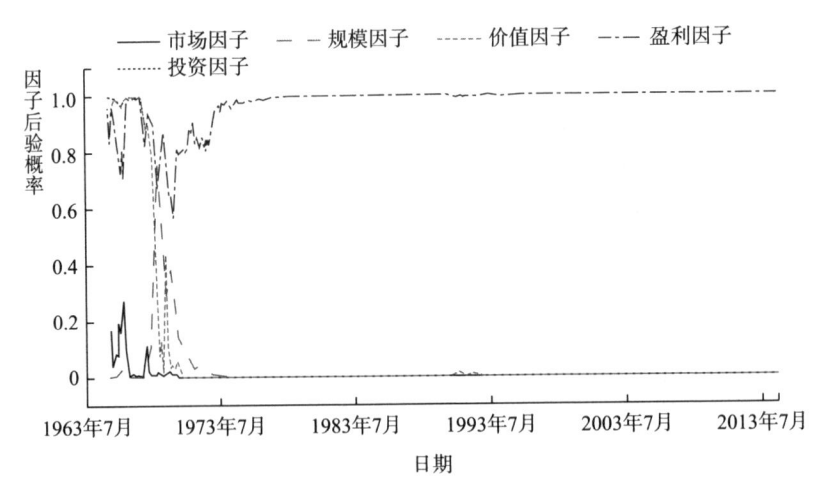

图 4.1 市盈率按市值加权 Hi30 分组各因子后验概率变化

注：图中线条有重合，下同。

[①] Basu, S. The Investment Performance of Common Stocks in Relation to Their Price to Earnings Ratios: A Test of the Efficient Market Hypothesis. *Journal of Finance*, 1977, 32: 663-682.

第4章 资产定价模型的动态分析

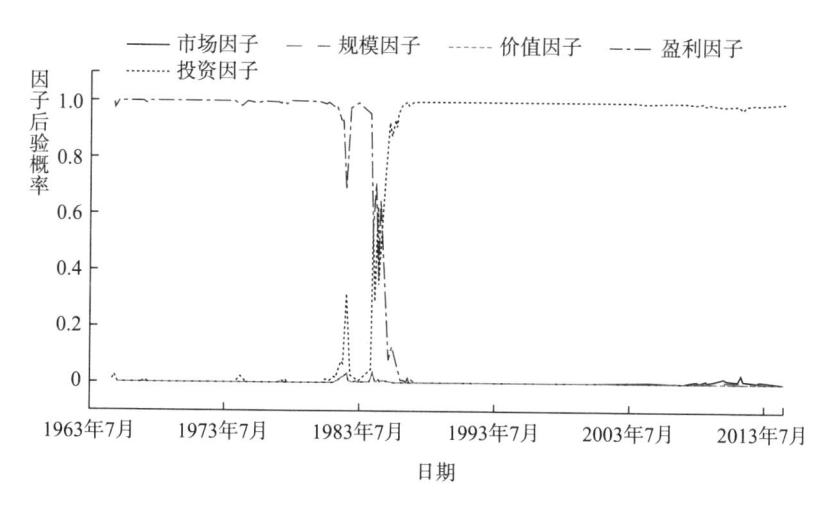

图 4.2 市盈率按平均加权 Hi30 分组各因子后验概率变化

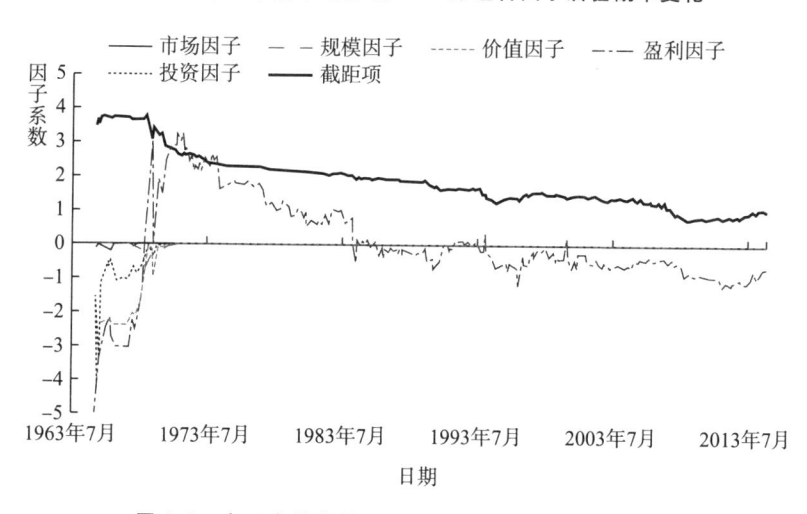

图 4.3 市盈率按市值加权 Hi30 分组各因子系数变化

4.2.2.3 对因子后验概率的分析

对于某种投资组合，如果某个因子始终具有较高的后验概率，那么该因子就具有对这种投资组合的解释能力，否则，该因子就不具备对该投资组合收益的解释能力或者只具有短暂的解释能力。本研究将因子的后验概率超过 0.5 作为判断一个因子在当期有解释能力的依据，对 252 张因子后验概率变化图进行分析，可以总结出以下规律。

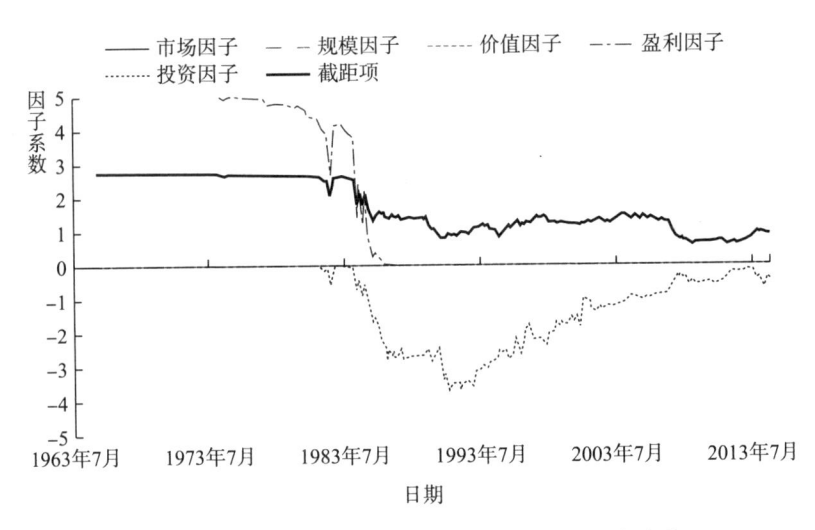

图 4.4　市盈率按平均加权 Hi30 分组各因子系数变化

首先，对于不同的分组，长期具有解释能力的因子个数和组合方式大部分是不一致的。例如，对于图 4.5 价值按市值加权 Hi30 分组来说，只有市场和投资因子有解释能力；但是，对于图 4.6 价值按平均加权 Hi30 分组来说，市场、规模、价值和盈利因子都有解释能力。这个规律说明市场通过不同的因子影响不同的投资组合收益。

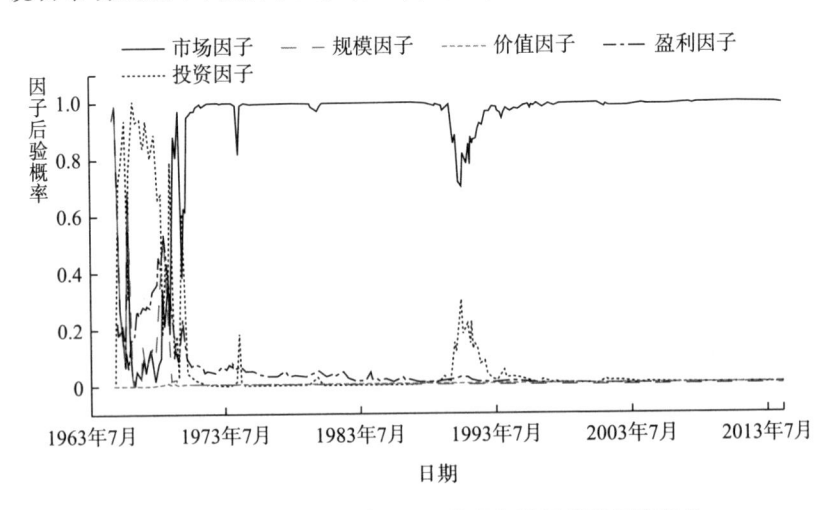

图 4.5　价值按市值加权 Hi30 分组各因子后验概率变化

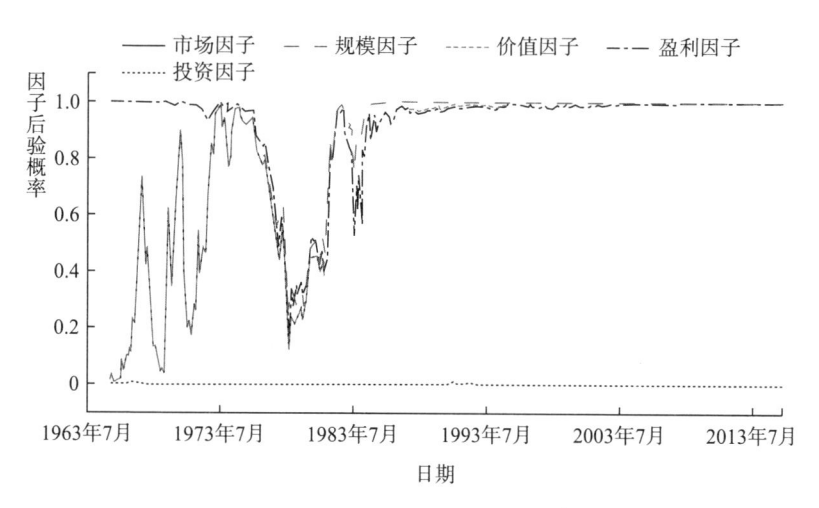

图 4.6 价值按平均加权 Hi30 分组各因子后验概率变化

其次，对于同一个分组来说，因子组合在不同时期的解释能力也会不同。从图 4.5 可以看出，市场因子逐步取代投资因子成为价值按市值加权 Hi30 分组中唯一的有效因子；而从图 4.6 可以看出，对于价值按平均加权 Hi30 分组来说，市场、规模、价值和盈利因子虽然在 1985 年之后一直有很强的解释能力，但是 1978~1985 年这 4 个因子的解释能力变化非常大。

再次，细致分组与笼统分组的有效因子组合和有效期也不相同。对比图 4.6 和图 4.7~图 4.9 可以看出，价值按平均加权三分组中的 Hi30 分组与十等分组中的 Hi10、Dec2 和 Dec3 三个分组的有效因子组合都不相同。同时可以看出，笼统分组有效因子并不是细致分组有效因子的线性叠加。

最后，大部分分组中无法找到长期有效的因子。相对来说，出现次数较多的长期有效因子是规模因子和盈利因子。根据我们的统计，大部分投资组合的最优预测变量个数曲线波动范围在 0~4，几乎没有一个组合能够达到 5 个风险因子同时都是最优的预测因子。由表 4.6 可知，所有分组的平均最优预测变量个数的均值仅为 1.27；由表 4.7 可知，所

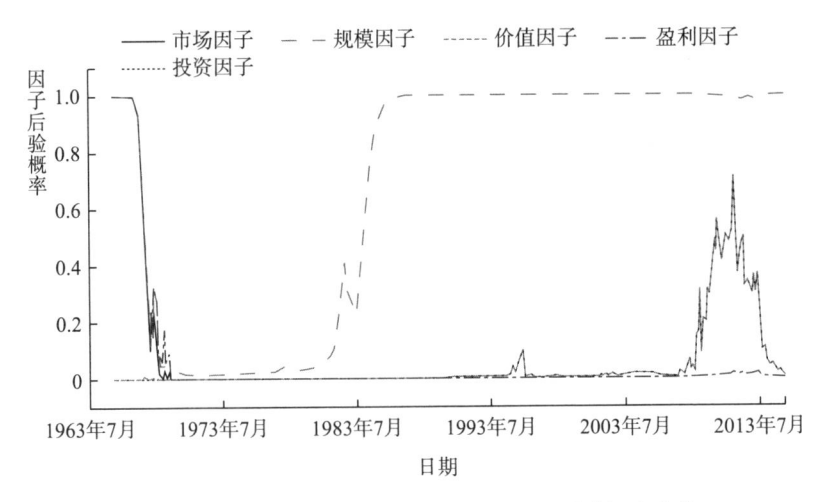

图 4.7 价值按平均加权 Hi10 分组各因子后验概率变化

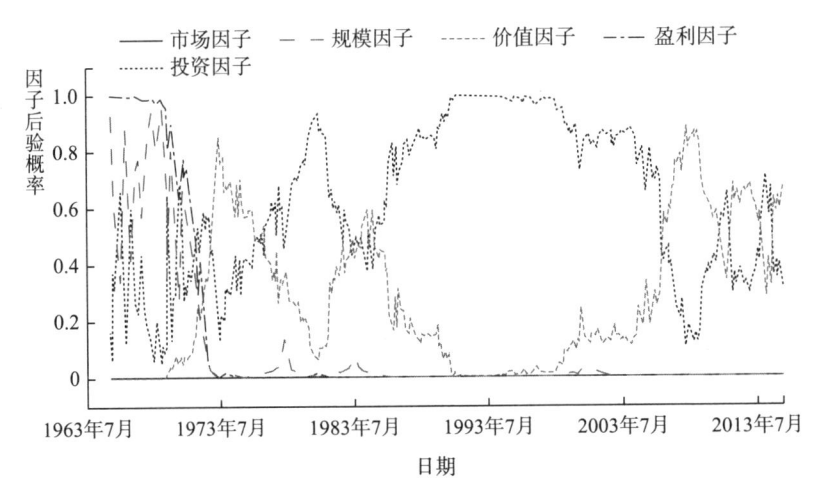

图 4.8 价值按平均加权 Dec2 分组各因子后验概率变化

有分组的最大最优预测变量个数的均值为 3.08。这反映了 FF5 模型在某些时期比 FF3 模型解释能力更强，但长期来看，解释因子个数的波动非常大，因此不能依赖固定模型解释组合收益。

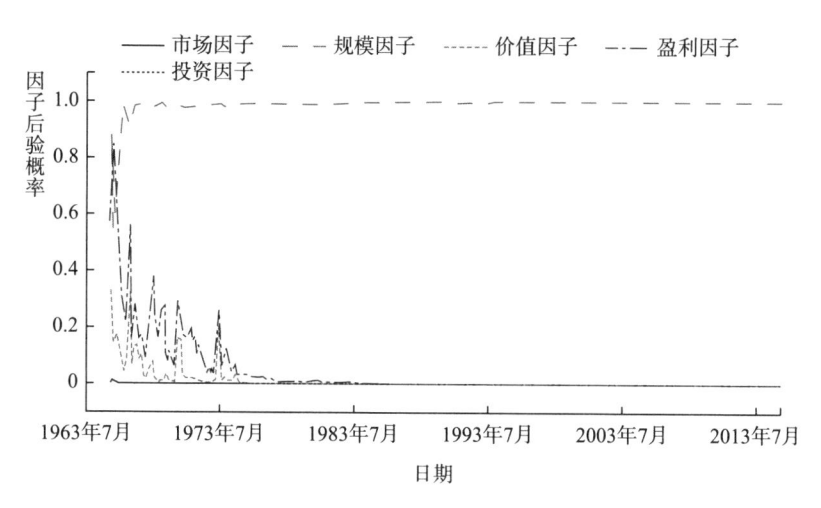

图 4.9 价值按平均加权 Dec3 分组各因子后验概率变化

4.2.2.4 对因子系数的分析

Fama 和 French 曾指出，如果投资组合的因子系数能够捕捉到期望收益的全部变化，那么利用多因子模型回归得到的截距项应该为 0。[①] 因此在对模型因子系数变化进行分析的同时，我们重点关注截距项的变化。通过对 252 张因子系数变化图进行分析，本节得到如下结论。

首先，因子系数有时为正有时为负，且波动较大，说明因子对于收益的影响程度和方向也是变化的。如图 4.10 所示，价值按市值加权 Hi30 分组中市场因子系数在 2002 年前后从负变正，反映了在 2001 年美国互联网泡沫破裂之前，低价值、高成长的股票（多数是互联网企业发行的股票）更受市场青睐；而在互联网泡沫破裂之后，市场修正了对价值股收益的影响，因子系数也由此转为正值。其他 251 张图都存在类似的现象，反映了市场信息能够影响市场状态，市场状态又通过各种因子影响不同投资组合的收益。单纯依赖线性回归拟合出的模型无法进行投资组合的收益预测，因为这种模型忽略了不确定性引起的市场结构和状态的变化。

---

① Fama, E., K. French. A Five-Factor Asset Pricing Model. *Journal of Financial Economics*, 2014, 116: 1-22.

表 4.6 各分组中平均最优预测变量个数

		Lo30	Med40	Hi30	Lo20	Qnt2	Qnt3	Qnt4	Hi20	Lo10	Dec2	Dec3	Dec4	Dec5	Dec6	Dec7	Dec8	Dec9	Hi10
规模	平均加权	0.22	1.06	1.08	1.07	1.99	1.07	1.72	0.93	0.84	1.56	0.25	0.12	1.75	2.52	1.45	1.12	0.20	1.39
	市值加权	1.27	1.19	3.33	1.46	2.27	1.56	1.04	1.04	1.98	1.15	1.08	1.01	1.04	1.72	1.84	1.16	1.19	0.95
价值	平均加权	1.03	1.03	0.99	1.19	1.04	0.95	0.76	1.24	1.54	1.95	1.25	1.06	2.48	1.21	0.86	0.91	0.58	1.35
	市值加权	1.03	1.04	1.21	1.45	1.02	1.39	1.23	2.90	1.68	1.37	1.19	1.02	1.35	1.33	1.09	1.13	1.15	1.92
投资	平均加权	2.98	1.02	1.98	1.10	1.96	0.59	1.51	1.49	0.41	2.01	2.95	1.97	0.43	0.67	1.04	1.98	0.35	1.12
	市值加权	1.91	1.04	1.03	1.67	1.01	1.02	1.68	1.07	1.06	1.93	1.01	0.64	2.04	0.49	1.69	1.05	1.10	1.05
盈利	平均加权	1.23	1.99	0.31	1.96	2.01	2.30	1.02	0.59	0.23	1.03	1.98	0.99	1.99	2.00	1.75	1.07	0.12	0.33
	市值加权	1.03	1.99	0.30	1.03	1.18	1.91	1.02	0.71	2.05	1.40	2.15	0.31	1.02	1.09	1.83	2.11	0.85	0.58
现金	平均加权	0.35	2.00	1.06	0.71	1.25	1.10	1.14	1.74	0.23	1.08	2.08	2.01	1.03	1.06	1.06	0.54	0.95	1.99
	市值加权	0.28	1.03	1.22	1.05	0.99	1.03	1.63	1.47	1.45	1.20	1.05	1.05	1.01	0.38	1.69	1.75	1.33	1.98
分红	平均加权	0.29	1.80	0.96	0.41	1.61	1.08	0.69	1.77	1.18	1.98	1.09	1.87	0.36	1.22	0.90	0.67	1.14	1.86
	市值加权	0.84	1.04	1.07	0.90	1.09	1.04	1.04	1.03	1.93	0.66	2.95	1.16	1.99	0.44	1.82	1.13	1.99	0.44
市盈率	平均加权	0.66	1.02	1.18	0.17	1.97	1.93	1.07	1.29	0.90	2.06	1.94	0.50	1.81	1.74	1.23	1.66	0.85	1.07
	市值加权	1.12	1.97	1.03	0.79	1.63	1.00	1.01	1.07	3.27	2.48	1.70	1.26	0.88	1.04	1.05	1.01	1.12	1.50

注：对表中所有数据求均值，可得所有分组的平均最优预测变量个数的均值为 1.27。

第 4 章　资产定价模型的动态分析

表 4.7　各分组中最大最优预测变量个数

		Lo30	Med40	Hi30	Lo20	Qnt2	Qnt3	Qnt4	Hi20	Lo10	Dec2	Dec3	Dec4	Dec5	Dec6	Dec7	Dec8	Dec9	Hi10
规模	平均加权	2.45	2.97	3.78	3.00	2.69	3.75	4.00	2.36	2.73	2.36	3.81	2.46	2.35	3.00	3.99	4.00	2.36	2.90
	市值加权	3.00	2.76	4.00	2.99	3.76	3.55	3.05	2.36	3.33	2.96	3.55	2.34	3.00	2.97	2.77	2.99	2.35	3.14
价值	平均加权	3.33	2.76	2.88	2.34	2.65	2.91	2.63	3.00	2.86	2.34	3.96	2.91	3.91	2.35	2.71	2.61	2.84	3.13
	市值加权	2.97	2.78	3.33	3.50	2.65	3.01	2.91	3.73	4.66	2.34	3.94	3.03	3.36	2.35	2.79	2.66	2.78	3.60
投资	平均加权	3.88	2.35	3.00	3.00	3.95	2.35	4.01	3.6	3.56	4.00	3.72	2.35	3.59	2.35	4.83	2.81	3.21	3.92
	市值加权	3.81	2.66	2.97	3.97	2.35	2.43	3.28	3.00	3.95	2.90	3.71	3.94	3.52	2.35	2.35	3.48	2.35	2.99
盈利	平均加权	3.98	2.35	2.74	2.7	2.97	3.00	2.96	3.00	2.36	2.99	3.91	2.35	2.35	3.06	3.58	3.99	2.81	2.48
	市值加权	3.34	2.35	3.00	3.05	2.69	2.35	2.99	2.42	3.42	3.31	3.00	2.35	3.00	2.95	3.10	3.30	3.89	3.47
现金	平均加权	2.61	2.91	3.35	3.07	3.62	2.61	3.93	2.85	4.14	2.67	2.84	3.72	2.43	3.31	2.78	4.00	2.97	2.79
	市值加权	3.30	3.13	2.36	3.47	2.77	2.55	2.63	3.00	3.28	3.00	3.24	3.34	2.34	3.00	2.39	4.00	3.00	2.35
分红	平均加权	3.00	2.35	2.93	3.00	4.20	2.35	2.55	3.00	3.00	3.11	2.35	3.08	3.88	2.34	2.97	3.36	3.43	3.35
	市值加权	2.99	2.87	3.98	3.16	2.68	2.65	3.94	2.95	3.90	2.38	3.02	2.99	2.37	3.80	2.35	2.87	3.10	3.86
市盈率	平均加权	2.42	2.35	3.06	2.35	3.36	2.35	3.00	3.84	2.76	4.00	2.37	3.8	2.99	2.48	3.25	2.35	3.08	3.97
	市值加权	2.88	3.29	3.83	2.99	3.01	2.81	3.71	3.89	4.00	4.00	3.75	3.38	2.97	3.38	3.07	2.34	3.00	3.17

注：对表中所有数据求均值，可得所有分组的最大最优预测变量个数的均值为 3.08。

105

其次，所有分组的截距项数值都有向 0 值回归的趋势。尽管有的分组是呈线性下降的趋势（见图 4.10），有的分组是呈阶梯形下降的趋势，中间还可能会有反弹升高的情况（见图 4.11），但从整体上看，截距项数值始终遵循这个规律。我们认为这种现象一方面反映了学界对于因子模型的深入研究能够越来越准确地把握市场的内在规律，另一方面反映了市场参与者也越来越认可因子模型理论，并付诸实践。这两种现象相互影响、相互促进，使因子模型的解释能力越来越强。

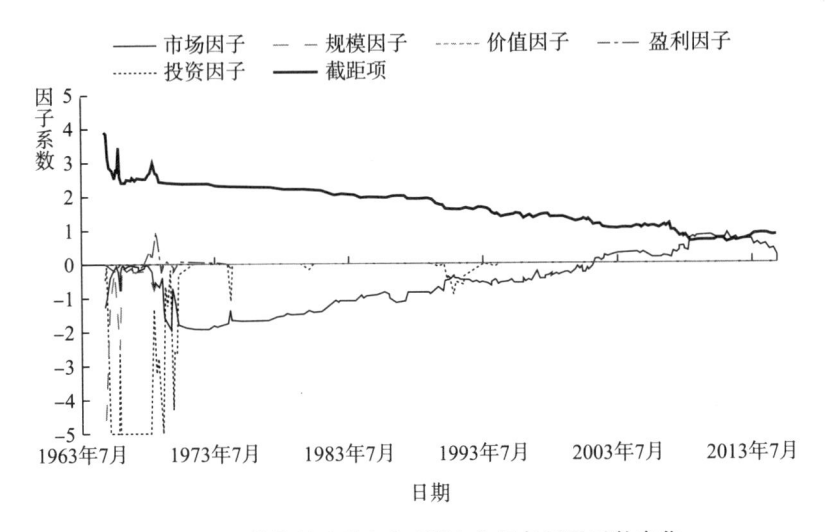

图 4.10　价值按市值加权 Hi30 分组各因子系数变化

再次，投资按平均加权 Hi10、Hi20 和 Hi30 分组的截距项在 2008~2012 年出现过 0 值（甚至是接近于 0 的负值）。这正好是在全球金融危机之后，美联储开始陆续执行量化宽松政策的时期。在此期间，投资按平均加权 Hi30 分组的超额收益完全可以由规模因子解释（见图 4.12），且规模因子系数都大于 0（见图 4.13），意味着在量化宽松政策下，在同样具有较高投资水平的企业中，规模较大企业的股票可以获得较高的超额收益。

最后，除了第三点所提的三个分组之外，其他分组的截距项都为正值。一方面说明了依靠因子模型不能完全捕捉到投资组合的期望收益；

第4章 资产定价模型的动态分析

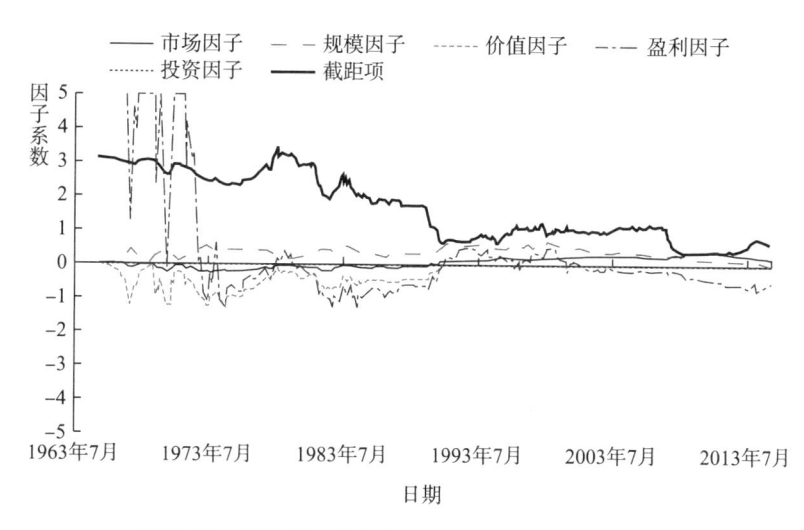

图 4.11 价值按平均加权 Hi30 分组各因子系数变化

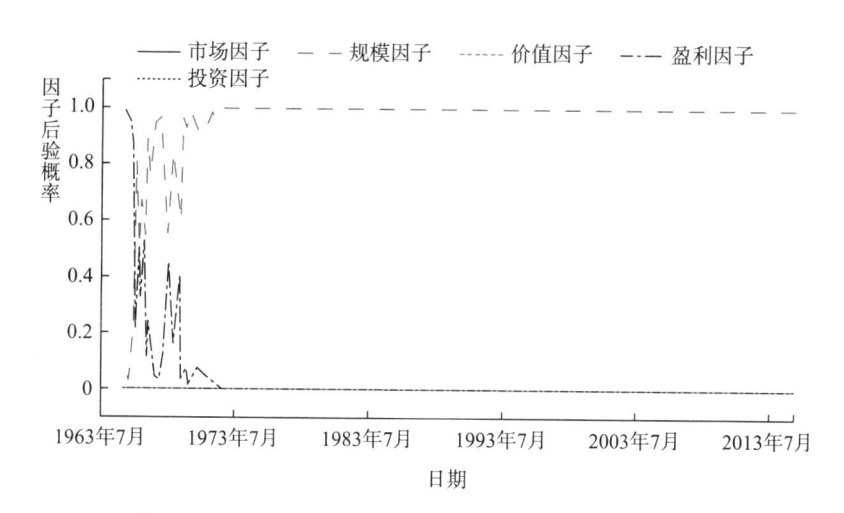

图 4.12 投资按平均加权 Hi30 分组各因子后验概率变化

另一方面截距项基本为正的现象也反映了如果能够消除对应有效因子的影响，就能够获得正的超额收益，这一点对于实践来说非常有价值。

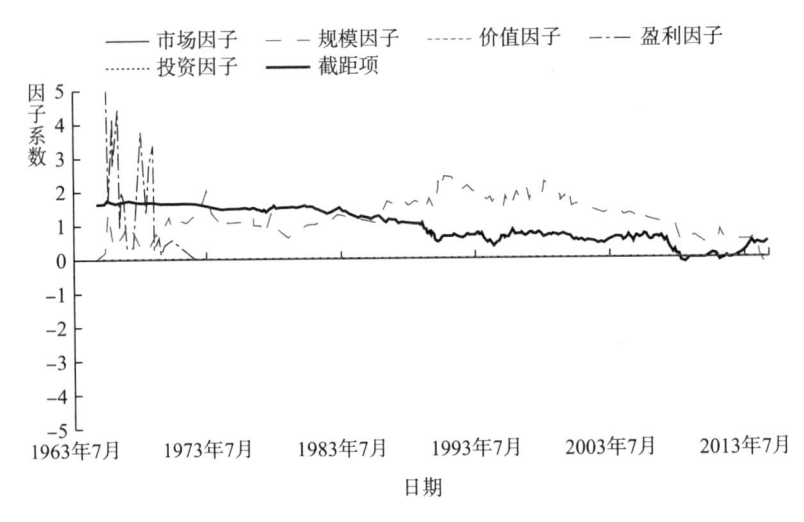

图 4.13 投资按平均加权 Hi30 分组各因子系数变化

4.3 动态模型平均的实践

传统基于收益率的业绩分析依赖事先确定的业绩基准，Sharpe 提出的风格分析方法在不知道投资组合头寸的情况下，能够利用投资组合的收益率提取到投资组合信息。[①] 该方法的机制是构造不同风格因子，并利用线性回归的方法计算投资组合收益率对于各种风格因子收益率的系数以及 t 统计量，对应的截距项系数则反映了该基金的选股和择时等投资能力的强弱。这是目前实践领域进行基金业绩归因和评价的主要方法。这种传统的方法虽然在提出后受到广泛关注和认可，但是根据上一章因子模型多时间尺度的研究，笔者认为其中存在一个比较大的问题。

通常的业绩归因采用线性回归的算法，要求数据量越大越好。数据量越大就越能避免异常值的影响，使得数据更符合正态分布，进而满足

[①] Sharpe, W. Asset Allocation: Management Style and Performance Measurement. *Journal of Portfolio Management*, 1992, 18 (2): 7–19.

线性回归的古典假设，能够计算出相对准确的参数及其统计量。在上一章的研究中，实证结果发现所有投资组合只有在超过 64 个月周期的时间尺度上才能够得到显著的 $\hat{\alpha}$，这种情况符合以上分析。但是，这种数据量要求会造成线性回归分析结果对于投资组合短期风险变化的反应不足。根据上一章中的表 3.6 和表 3.7，实证结果显示 FF3 和 FF5 模型多时间尺度回归的数据在不同时间尺度上的显著性和数值都可能存在差异，例如，长期数据中显著的系数在利用短期数据计算时会出现不显著的情况，甚至系数的正负号在长期和短期也不一样。这说明利用长期数据计算的结果与短期的情况不符，利用长期数据计算的结果对短期持仓进行风险调整或者业绩归因是不合适的。

而本研究提出的动态模型平均方法可以在每一期动态地分析各种风格因子的系数，以及该系数在最优预测模型中出现的后验概率，这在短期与传统的风格分析方法类似。但是从长期看，利用该方法可以判断一只基金的风险因子敞口和阿尔法收益的动态变化，具有重要的实践价值。

利用风险因子敞口的动态变化，对于自营投资者来说，可以衡量投资组合在短期的风险来源，并对持仓进行风险调整；对于委外投资者来说，能够利用这个结果判断投资顾问或者基金经理的投资策略和产品说明是否一致，有没有偏离合同规定的投资方向。利用阿尔法收益的动态变化可以衡量基金经理是否具有长期稳定的盈利能力，这对于目前主要依赖委外业务的机构投资者，例如 FOF 投资经理和大额财富管理人来说非常重要。

4.4 本章小结

上一章和本章都提到了金融数据本身和线性回归方法之间的冲突，例如数据不能满足正态性、数据可能存在相关性和自相关性等。造成这种现象的原因一方面是金融系统面临大量的不确定性，这些不确定性可能来源于政策风险、金融系统结构、投资者组成等的不断变化，它们相互影响、相互渗透，最终通过投资者们的交易行为反映在每只股票的价格中。这就使得投资组合的收益率数据中包含大量的样本误差和交易噪音。另一方面是上市公司的主营业务、管理层人员和行业前景等也都存在不确定性，时刻都可能在发生改变，导致投资组合所包含的股票样本空间始终是变化的。因此，在面对如此多不确定性时仅采用线性回归的方法会造成估计的偏差较大。

本章采用的 DMA 方法融合了状态空间模型和贝叶斯模型平均方法的优点，一方面，状态空间模型的卡尔曼滤波算法能够根据预测值和实际值的差异将系统参数更准确地估计出来，而不是像最小二乘法那样简单地将扰动信息作为误差归纳到残差项中，能够更加有效地利用尽可能多的信息；另一方面，采用贝叶斯模型平均方法不仅能够允许因子模型的参数不断变化，也允许模型的因子个数不断变化，具有很强的灵活性和很高的拟合水平。总之，采用 DMA 方法能够获得比滚动窗口线性回归更加准确和全面的结果。另外，DMA 方法在实践中还可以用于基金的动态业绩归因、风格分析和盈利能力判断等领域，具有重要的实践意义。

尽管 Fama 和 French 通过 GRS 检验判断 FF5 模型可以解释 71%~94% 的不同组合收益率在横截面水平上的差异，但直接套用 FF5 模型去拟合某一投资组合的因子系数，并用拟合结果预测该投资组合的收益会造成大的偏差。我们通过 DMA 方法所得到的实证结果表明以下方面。首先，所有组合的截距项系数在整个考察期内都没有平稳为零，也就是说没有找到可以被五种因子完全解释的分组。其次，对于所有组合来说，五种因子的后验概率不能同时稳定为 1，且对于很多分组来说，五种因子中间的两种或三种经常出现互补的状态。这说明尽管理论上这些因子的相关性应该非常低，但是实际构造时由于数据的选择偏差等因素

第 4 章 资产定价模型的动态分析

的影响，并不能够完全消除因子间的相关性。最后，因子系数是动态变化的，可能为正也可能为负，通过直接拟合单一数据集获得的因子系数是不可靠的。

现有的 FF5 模型实际上已经包含能够考虑的大部分因素，增加其他因子几乎不能保证与这五种因子不相关，更不能保证这些新因子对组合收益的解释能力，因此，目前实践领域中认为只要将"异象"转化为因子加入模型就能提高模型预测效果的观点是值得进一步认真研究的。同时，本章的实证结果发现，FF5 模型的预测能力是很差的，即便是通过预测误差不断调整参数也不能准确预测下一期的收益，DMA 方法估计出的最优预测模型只能反映投资组合在过去与风险因子之间的关系变化情况，这种现象也再次印证了股票价格是无法预测的。

既然无法利用风险因子进行足够准确的预测，那么是否可以通过持有这些风险因子对应的投资组合来获取长期稳健的投资收益呢？接下来的章节将会基于我国股票市场的数据进行实证研究。

第5章
我国股票市场的动量和反转效应

动量投资策略一直被认为是最有效的投资策略之一,具有重要的实践价值。一般来说,动量投资策略主要采用两种方法:一种是趋势跟踪,投资策略是"追涨杀跌",即买入累计涨幅最高的股票,同时卖出涨幅最低的股票,这种策略的支持者认为投资者短期内容易落入"保守性偏差"的陷阱而对股价反应不足,产生短期的"惯性效应";另一种是趋势反转,投资策略是"抄底逃顶",即买入累计涨幅最低的股票,同时卖出涨幅最高的股票,这种策略的支持者认为股票价格偏离正常价格之后,市场会自发纠正出现的价格偏差,使股票价格反向变化,产生"反转效应"。

很多国际知名的对冲基金公司利用动量投资策略分别在股票、商品、外汇等领域都取得了优异的投资回报。美国著名指数设计公司摩根士丹利资本国际在推出 Barra 第三代中国股票模型(CNE5)时也将动量作为在中国市场具有预测能力的六种因子之一。

本章采用 Jegadeesh 和 Titman[1] 的方法研究不同回望期、持有期、冷静期和分组方法构造出的 2535 个相对强度组合,从这些组合的月平均收益和显著性检验结果发现它们具有投资价值的惯性和反转效应的规律。根据这些规律设计的投资策略的业绩指标显示,我国股票市场采用

---

[1] Jegadeesh, N., S. Titman. Returns to Buying Winners and Selling Losers: Implications for Stock Market Efficiency. *Journal of Finance*, 1993, 48: 65 - 91.

反转投资策略可以获得长期稳定的收益。

5.1 研究方法

我国学者已经利用不同方法和数据进行了大量的研究，结果虽然存在共性，但总体差异较大，以下对造成这种差异的原因进行归纳分析，并分步骤提出本次研究的具体方法。

5.1.1 采样区间和频率

王永宏和赵学军采用1993～2000年的月数据[①]；周琳杰采用1995～2000年的月数据[②]；鲁臻和邹恒甫采用1998年1月到2005年12月的月数据[③]；潘莉和徐建国采用1995年1月到2008年12月的日数据和月数据，同时为了避免周末股价可能存在的异常现象，利用周三到下周二的日数据构造了周数据[④]。

直观地看，在股市处于震荡状态时，反转效应加强、动量效应减弱；当股市处于单边上升或者下跌状态时，动量效应加强而反转效应减弱。因此，数据的采样区间偏差会严重影响实证研究结果。在我国股市将近30年的发展历程当中，最近10年是波动最大、趋势最明显的阶段，上证指数在2007～2008年和2014～2015年经历了两次"过山车"，因此将这段时间的情况纳入整体的研究区间是非常有必要的。另外，一些研究将整体样本分割成几个时间段分别进行实证研究，但并没有指明分割整体样本的依据，这就可能存在数据挖掘的情况。为了能够真正发掘中国股市中长期存在的动量或反转效应，本研究选择了1995～2016

[①] 王永宏、赵学军：《中国股市"惯性策略"和"反转策略"的实证分析》，《证券市场导报》2001年第6期。
[②] 周琳杰：《中国股票市场动量策略赢利性研究》，《世界经济》2002年第8期。
[③] 鲁臻、邹恒甫：《中国股市的惯性与反转效应研究》，《经济研究》2007年第9期。
[④] 潘莉、徐建国：《A股个股回报率的惯性与反转》，《金融研究》2011年第1期。

年的数据区间。

对于数据采样频率的选择主要考虑以下几个方面。首先,我国股票市场参与者结构与国外不同,散户投资者众多,过高频率的数据中包含大量交易噪音,会造成研究结果偏差。其次,对于投资策略的设计来说,为了满足较大的资金容量,需要降低调整持仓的频率,以避免对市场造成价格冲击和降低交易成本。再次,我国股票市场建立和发展只有不到30年的时间,采用过低频率的数据会造成股票的样本数量不足,影响统计效果。最后,选择数据采样频率要权衡数据本身对于长、中、短期市场特性的反应能力。为了满足以上条件,本研究选择周交易数据进行研究,一方面,周数据能够平滑一部分日数据中存在的噪音;另一方面,周数据的样本数量足够多,而且通过数据合成能够反映不同时间尺度的情况。

5.1.2 样本范围和数据筛选

首先是样本数量差异。受到当时实际情况的约束,王永宏和赵学军选取的1993年之前上市的所有A股股票仅有53只;鲁臻和邹恒甫选取的1998年之前上市的所有A股股票共529只。[1] 其次是筛选和整理数据的办法。鲁臻和邹恒甫剔除了ST、*ST以及部分数据不全的股票,潘莉和徐建国则剔除了每只股票上市最初6个月的数据。[2]

动量效应与反转效应是此消彼长的关系,对于某一市场来说,场内的所有股票都会受到它们的作用,因此,只使用一部分样本进行研究得到的结论很难令人信服,应该采用包含所有出现异常情况股票的全市场数据。但是,由于我国股票市场处于初始阶段,股票发行审核制度也在

---

[1] 王永宏、赵学军:《中国股市"惯性策略"和"反转策略"的实证分析》,《证券市场导报》2001年第6期;鲁臻、邹恒甫:《中国股市的惯性与反转效应研究》,《经济研究》2007年第9期。

[2] 鲁臻、邹恒甫:《中国股市的惯性与反转效应研究》,《经济研究》2007年第9期;潘莉、徐建国:《A股个股回报率的惯性与反转》,《金融研究》2011年第1期。

不断改革和完善的过程中，新股 IPO 发行所造成的"新股效应"会扭曲真正的动量或反转效应，因此，剔除新股上市初期的数据是必要的。

另外，以往研究从未提到过如何处理已退市的股票，这可能会造成"存活偏差"。存活偏差是指在进行数据收集的过程中，从数据库来源处请求到的数据往往只包含当期仍然在交易的那些股票，而忽略了那些由于经营不善、企业并购等原因消失的股票，这些已经消失的股票在它们"存活"时期可能会对市场或者投资组合造成较大影响。

因此，本研究采用的是包含已退市股票的沪深两市 A 股全体股票，剔除了 2016 年底时上市不超过半年的股票，并且在每期进行股票收益排序时剔除当期上市不满 26 周的股票数据。

5.1.3 冷静期选择

Jegadeesh 和 Titman 在回望期和持有期之间设置了冷静期[①]，而鲁臻和邹恒甫、潘莉和徐建国都没有加入冷静期[②]。其中，潘莉和徐建国认为在相邻周有反转的现象存在，而这种反转抵消了 2～4 周的惯性，间隔一周去除了反转会导致动量效应更强，因此没有考虑冷静期。[③]

本研究考虑了冷静期在 0～4 周的情况，一方面是为了过滤掉短期的交易噪音，另一方面是为了组合出更多的数据去验证动量或反转效应的持续程度。

5.1.4 构造相对强度组合的分组方法不同

Jegadeesh 和 Titman 共分了十组[④]；鲁臻和邹恒甫采用固定数量的方

[①] Jegadeesh, N., S. Titman. Returns to Buying Winners and Selling Losers: Implications for Stock Market Efficiency. *Journal of Finance*, 1993, 48: 65-91.
[②] 鲁臻、邹恒甫：《中国股市的惯性与反转效应研究》，《经济研究》2007 年第 9 期；潘莉、徐建国：《A 股个股回报率的惯性与反转》，《金融研究》2011 年第 1 期。
[③] 潘莉、徐建国：《A 股个股回报率的惯性与反转》，《金融研究》2011 年第 1 期。
[④] Jegadeesh, N., S. Titman. Returns to Buying Winners and Selling Losers: Implications for Stock Market Efficiency. *Journal of Finance*, 1993, 48: 65-91.

法构建组合，数量最多的赢家组合和输家组合中仅包含 100 只股票[①]；潘莉和徐建国将所有股票分成五组[②]。

为了检验出更稳健的结果，本研究每期将所有股票分别划分为二等分、五等分和十等分，每种分组方法中的赢家和输家组合分别包含整体样本的 50%、20% 和 10% 的股票。通过这种不同分组方法的对比能够看出动量或反转效应的作用范围。

5.1.5 排序依据不同

Jegadeesh 和 Titman 采用累积收益率对股票进行排序并构建赢家和输家组合[③]，鲁臻和邹恒甫、潘莉和徐建国则采用回望期内的平均收益率对股票进行排序[④]。

事实上，采用回望期内的平均收益率替代累积收益率存在排错顺序的问题。例如，股票 A 在前两期的收益率分别是 5% 和 -5%，它的平均收益率是 0；而股票 B 在前两期的收益率分别是 -10% 和 10%，它的平均收益率也是 0。那么它们两个的累积收益率是一样的吗？答案明显是否定的。股票 A 在两期过后的净值是 0.9975，累积收益率是 -0.25%；而股票 B 的净值是 0.99，累积收益率是 -1%。这两种方法之间的差异很大，计算结果也可能对后续的股票排序构造投资组合造成重大的影响。对于持有期内投资组合的收益如何计算存在同样的问题。因此，本研究采用累积收益率进行研究，以避免排序出错的情况。

综上所述，本研究沿用 Jegadeesh 和 Titman 的方法来研究我国股票

[①] 鲁臻、邹恒甫：《中国股市的惯性与反转效应研究》，《经济研究》2007 年第 9 期。
[②] 潘莉、徐建国：《A 股个股回报率的惯性与反转》，《金融研究》2011 年第 1 期。
[③] Jegadeesh, N., S. Titman. Returns to Buying Winners and Selling Losers: Implications for Stock Market Efficiency. *Journal of Finance*, 1993, 48: 65 – 91.
[④] 鲁臻、邹恒甫：《中国股市的惯性与反转效应研究》，《经济研究》2007 年第 9 期；潘莉、徐建国：《A 股个股回报率的惯性与反转》，《金融研究》2011 年第 1 期。

市场中全部 A 股股票（含已退市）的动量和反转效应。[①] 在样本期内的每一期，首先计算每只股票在回望期 L 周的累积收益率，然后按照从大到小的顺序将之平分为 P 组构造出赢家和输家组合，再计算冷静期 S 周后持有期 H 周赢家和输家组合的累积收益率，并转化成周收益率，最后用输家组合的收益率减去赢家组合的收益率得到该 LHPS 组合的当期收益率。其中，L、H 分别选择 1、2、3、4、6、8、12、16、26、52、104、156 周，代表从 1 周到 3 年的时间跨度；P 选择 2、3、4、5、8、10 六种分组，代表细致程度不同的分组方式；S 选择 0~4 周，代表从无冷静期到冷静期 1 个月。以上参数交叉能够组成 4320 个 LHPS 组合。

接下来，对每个 LHPS 组合的收益率 R 和显著程度进行分析，如果 R 显著大于零，说明该 LHPS 组合在对应的参数下具有反转效应；如果 R 显著小于零，说明该 LHPS 组合在对应的参数下具有动量效应。再根据动量和反转效应出现的规律设计投资组合，通过对不同投资组合业绩指标和净值曲线的对比分析我国证券市场的动量和反转效应。

5.2 实证结果

本书利用 1995~2016 年全部 A 股股票（含已退市），通过不同的分组方式、冷静期、持有期和回望期等条件对我国股市的动量和反转效应进行分析。

5.2.1 分组方式的影响

本书考察了三种分组方式：二等分、五等分和十等分。一般来说，分组越细致，效应的显著程度越强。以往的研究多采用五等分以上的细致分组，而本研究发现，对于我国 A 股市场来说，动量和反转效应并没有随着

[①] Jegadeesh, N., S. Titman. Returns to Buying Winners and Selling Losers: Implications for Stock Market Efficiency. *Journal of Finance*, 1993, 48: 65-91.

分组方式的变化而产生显著的变化。表5.1给出了固定其他参数时，不同分组方式和冷静期对应的两种效应显著（置信水平为90%）的组合个数。

表5.1 不同分组方式和冷静期时两种效应显著的组合个数

	二等分	五等分	十等分
无冷静期	74	66	74
冷静期1周	46	47	41
冷静期2周	62	55	46
冷静期3周	26	34	36
冷静期4周	52	48	39

从表5.1数据对比可以看出，两种效应出现的规律并没有显示与分组方式有明显的线性关系，在二等分时效应显著的组合个数甚至会大于其他两种分组方式，反映出效应存在于整个市场中，并不是只有涨幅最高或最低的分组会出现动量和反转效应。

5.2.2 冷静期的影响

本书冷静期选择了0~4周。从表5.1可以明显看出，无冷静期时两种效应显著的组合个数明显大于有冷静期时。这反映了我国A股市场在相邻周存在显著的动量和反转效应。不同分组方式和冷静期时在所有持有期效应显著的形成期[①]参数见表5.2，其中黑体标注了具有投资价值的形成期参数。

表5.2 不同分组方式和冷静期时在所有持有期效应显著的形成期参数

	二等分		五等分		十等分	
	动量收益	反转收益	动量收益	反转收益	动量收益	反转收益
无冷静期	2、3、16	1、6	2	1、6	2、3	1、6

---

① 形成期包含回望期和冷静期。

续表

	二等分		五等分		十等分	
	动量收益	反转收益	动量收益	反转收益	动量收益	反转收益
冷静期1周	1、2	**4**	1	4、156	**1**	**4**
冷静期2周	1、26	3、4	26	3、4	1	3、4
冷静期3周	—	2、3	—	2、3	—	2、3
冷静期4周	—	1、2、52	—	1、2、52	—	1、2

注：—表示该参数不存在，黑体表示该参数在持有期1周时能够获得超过千分之一的周收益。

从表 5.2 可以看出，我国股票市场的反转效应出现次数较多，动量效应出现次数很少且都在短期，最长的动量效应出现在 26 周（半年），但不具有投资价值（收益低且显著程度不够）。通过加入冷静期对比不同回望期和持有期组合的收益情况，可以分析出我国股票市场中，利用单周收益率构造的相对强度组合在第 1 周和第 5 周会出现显著的反转效应，第 2 周会出现显著的动量效应。

由此可以看出，冷静期不同，组合获取收益的能力也不同，通过加入冷静期对比不同回望期和持有期组合的收益情况，可以捕捉我国股市动量和反转效应的相互作用情况。

5.2.3 持有期的影响

为了进一步确定形成期参数，本节选取部分数据进行进一步分析。由于二等分组最能反映整个市场的情况，因此本节选取二等分时不同冷静期内各种回望期和持有期交叉组合的平均收益和 t 值，如表 5.3~表 5.7 所示。

从表 5.3~表 5.7 整体来看，随着持有期的增长，组合的平均周收益率无论正负都会向 0 收敛，显著程度变化不大，说明动量效应和反转效应在长期会互相抵消，明显的动量和反转效应主要出现在短期。

当回望期、持有期和冷静期之和超过 8 周之后，绝大部分组合的周收益率绝对值低于 0.05%，年化收益率低于 2.5%，如果考虑交易成本的话就不再具备投资价值，因此不再进行分析。

表 5.3 二等分无冷静期时各组收益率和显著程度

<table>
<tr><th rowspan="2">回望期（周）</th><th colspan="13">持有期（周）</th></tr>
<tr><th>1</th><th>2</th><th>3</th><th>4</th><th>6</th><th>8</th><th>12</th><th>16</th><th>26</th><th>52</th><th>104</th><th>156</th></tr>
<tr><td>1</td><td>**0.0026**
(5.3559)</td><td>**0.0013**
(5.2375)</td><td>**0.0009**
(5.1929)</td><td>**0.0006**
(5.0513)</td><td>**0.0004**
(4.9761)</td><td>**0.0003**
(4.9333)</td><td>**0.0002**
(4.9608)</td><td>**0.0002**
(4.6904)</td><td>**0.0001**
(5.1935)</td><td>**0.0001**
(5.7946)</td><td>**0.0001**
(6.1284)</td><td>**0.0000**
(5.6128)</td></tr>
<tr><td>2</td><td>**-0.0013**
(-3.0677)</td><td>**-0.0007**
(-3.1508)</td><td>**-0.0005**
(-3.2329)</td><td>**-0.0003**
(-3.1890)</td><td>**-0.0002**
(-3.2348)</td><td>**-0.0002**
(-3.3672)</td><td>**-0.0001**
(-3.2280)</td><td>**-0.0001**
(-2.9054)</td><td>**-0.0001**
(-3.0182)</td><td>**0.0000**
(-2.7682)</td><td>**0.0000**
(-3.0964)</td><td>**0.0000**
(-3.2206)</td></tr>
<tr><td>3</td><td>**-0.0007**
(-1.7132)</td><td>**-0.0004**
(-1.8820)</td><td>**-0.0003**
(-1.8640)</td><td>**-0.0002**
(-1.8101)</td><td>**-0.0001**
(-2.0269)</td><td>**-0.0001**
(-1.9463)</td><td>**-0.0001**
(-1.9000)</td><td>**-0.0001**
(-1.7541)</td><td>**0.0000**
(-2.3012)</td><td>**0.0000**
(-2.3663)</td><td>**0.0000**
(-2.3746)</td><td>**0.0000**
(-1.5867)</td></tr>
<tr><td>4</td><td>0.0004
(1.1108)</td><td>0.0002
(1.0957)</td><td>0.0001
(0.8917)</td><td>0.00001
(0.8580)</td><td>0.0001
(0.9440)</td><td>0.0001
(0.9673)</td><td>0.0000
(0.8645)</td><td>0.0000
(0.6548)</td><td>0.0000
(0.7964)</td><td>0.0000
(0.6342)</td><td>0.0000
(0.4932)</td><td>0.0000
(0.9334)</td></tr>
<tr><td>6</td><td>**0.0008**
(2.2559)</td><td>**0.0004**
(2.3787)</td><td>**0.0003**
(2.3278)</td><td>**0.0002**
(2.3451)</td><td>**0.0001**
(2.3682)</td><td>**0.0001**
(2.4067)</td><td>**0.0001**
(2.4361)</td><td>**0.0001**
(2.2636)</td><td>**0.0000**
(2.1957)</td><td>**0.0000**
(2.5315)</td><td>**0.0000**
(2.3665)</td><td>**0.0000**
(2.1787)</td></tr>
<tr><td>8</td><td>0.0002
(0.5665)</td><td>0.0001
(0.5039)</td><td>0.0001
(0.5733)</td><td>0.0001
(0.6125)</td><td>0.0000
(0.5782)</td><td>0.0000
(0.6177)</td><td>0.0000
(0.4147)</td><td>0.0000
(0.5986)</td><td>0.0000
(0.5654)</td><td>0.0000
(-0.2079)</td><td>0.0000
(0.4714)</td><td>0.0000
(0.7328)</td></tr>
<tr><td>12</td><td>0.0000
(-0.0903)</td><td>0.0000
(-0.0775)</td><td>0.0000
(-0.1201)</td><td>0.0000
(-0.1763)</td><td>0.0000
(-0.2514)</td><td>0.0000
(-0.1630)</td><td>0.0000
(0.1365)</td><td>0.0000
(-0.0524)</td><td>0.0000
(-0.2988)</td><td>0.0000
(-1.2828)</td><td>0.0000
(-1.0977)</td><td>0.0000
(-1.0546)</td></tr>
<tr><td>16</td><td>**-0.0007**
(-2.4801)</td><td>**-0.0004**
(-2.5291)</td><td>**-0.0003**
(-2.7023)</td><td>**-0.0002**
(-2.7572)</td><td>**-0.0001**
(-2.6794)</td><td>**-0.0001**
(-2.6179)</td><td>**-0.0001**
(-2.5614)</td><td>**-0.0000**
(-2.3097)</td><td>**0.0000**
(-1.9317)</td><td>**0.0000**
(-2.0757)</td><td>**0.0000**
(-1.7104)</td><td>**0.0000**
(-1.3951)</td></tr>
<tr><td>26</td><td>**-0.0005**
(-1.6505)</td><td>**-0.0003**
(-1.8757)</td><td>**-0.0002**
(-1.8356)</td><td>**-0.0001**
(-1.9101)</td><td>**-0.0001**
(-1.8936)</td><td>**-0.0001**
(-1.8718)</td><td>**0.0000**
(-1.6512)</td><td>**0.0000**
(-1.7574)</td><td>**0.0000**
(-1.0205)</td><td>**0.0000**
(-1.4212)</td><td>**0.0000**
(-1.4429)</td><td>**0.0000**
(-1.6311)</td></tr>
<tr><td>52</td><td>0.0000
(-0.0629)</td><td>0.0000
(-0.0733)</td><td>0.0000
(-0.1124)</td><td>0.0000
(-0.1580)</td><td>0.0000
(-0.3554)</td><td>0.0000
(-0.2304)</td><td>0.0000
(-0.0920)</td><td>0.0000
(-0.1555)</td><td>0.0000
(-0.5858)</td><td>0.0000
(-0.8298)</td><td>0.0000
(-1.4200)</td><td>0.0000
(-0.5128)</td></tr>
<tr><td>104</td><td>-0.0001
(-0.4582)</td><td>-0.0001
(-0.4396)</td><td>0.0000
(-0.4781)</td><td>0.0000
(-0.4937)</td><td>0.0000
(-0.4929)</td><td>0.0000
(-0.2668)</td><td>0.0000
(-0.0916)</td><td>0.0000
(0.0990)</td><td>0.0000
(0.4824)</td><td>0.0000
(0.7251)</td><td>0.0000
(0.8563)</td><td>0.0000
(0.1028)</td></tr>
<tr><td>156</td><td>0.0002
(1.0057)</td><td>0.0002
(1.1980)</td><td>0.0001
(1.3016)</td><td>0.0001
(1.4629)</td><td>0.0001
(1.4672)</td><td>0.0001
(1.5283)</td><td>**0.0000**
(1.9045)</td><td>**0.0000**
(1.7521)</td><td>0.0000
(1.2073)</td><td>0.0000
(0.4976)</td><td>0.0000
(0.3777)</td><td>0.0000
(0.4191)</td></tr>
</table>

注：括号内为 t 值，黑体表示在 90% 置信水平下显著的分组。

第5章 我国股票市场的动量和反转效应

表 5.4 二等分冷静期 1 周时各组收益率和显著程度

		1	2	3	4	6	8	12	16	26	52	104	156
回望期（周）	1	**-0.0013** (**-3.0690**)	**-0.0007** (**-3.1550**)	**-0.0005** (**-3.2344**)	**-0.0004** (**-3.1799**)	**-0.0002** (**-3.2140**)	**-0.0002** (**-3.3500**)	**-0.0001** (**-3.2067**)	**-0.0001** (**-2.8977**)	**-0.0001** (**-3.0253**)	0.0000 (**-2.8352**)	0.0000 (**-3.1449**)	0.0000 (**-3.2172**)
	2	**-0.0007** (**-1.6918**)	**-0.0004** (**-1.8624**)	**-0.0003** (**-1.8589**)	**-0.0002** (**-1.7881**)	**-0.0001** (**-1.9905**)	**-0.0001** (**-1.9039**)	**-0.0001** (**-1.8660**)	**-0.0001** (**-1.6952**)	0.0000 (**-2.2722**)	0.0000 (**-2.3822**)	0.0000 (**-2.3915**)	0.0000 (**-1.5828**)
	3	0.0005 (1.1992)	0.0002 (1.1884)	0.0001 (0.9818)	0.0001 (0.9335)	0.0001 (1.0028)	0.0001 (0.9924)	0.0000 (0.8909)	0.0000 (0.6920)	0.0000 (0.8188)	0.0000 (0.6521)	0.0000 (0.4708)	0.0000 (1.0059)
	4	**0.0012** (**3.0638**)	**0.0006** (**2.9602**)	**0.0004** (**2.8828**)	**0.0003** (**2.8296**)	**0.0002** (**2.8771**)	**0.0001** (**2.7705**)	**0.0001** (**2.6698**)	**0.0001** (**2.7691**)	**0.0001** (**2.8195**)	**0.0000** (**1.9400**)	0.0000 (1.2317)	**0.0000** (**1.7503**)
	6	0.0001 (0.1826)	0.0001 (0.3765)	0.0001 (0.4849)	0.0001 (0.4544)	0.0000 (0.4194)	0.0000 (0.3103)	0.0000 (0.1994)	0.0000 (0.2778)	0.0000 (0.5237)	0.0000 (0.0980)	0.0000 (-0.0012)	0.0000 (0.2411)
	8	-0.0003 (-0.8806)	-0.0001 (-0.8479)	-0.0001 (-0.8433)	-0.0001 (-0.9333)	-0.0001 (-1.1255)	-0.0001 (-1.1718)	0.0000 (-1.0576)	0.0000 (-0.9426)	0.0000 (-1.1225)	0.0000 (-1.4372)	0.0000 (-1.2462)	**0.0000** (**-2.0391**)
	12	0.0003 (1.0251)	0.0001 (0.9023)	0.0001 (0.7646)	0.0001 (0.6951)	0.0000 (0.5608)	0.0000 (0.7000)	0.0000 (0.7997)	0.0000 (0.8509)	0.0000 (0.8768)	0.0000 (-0.0148)	0.0000 (0.1250)	0.0000 (0.0078)
	16	-0.0003 (-0.9117)	-0.0001 (-0.9788)	-0.0001 (-1.0438)	-0.0001 (-1.0030)	-0.0001 (-0.7834)	0.0000 (-0.4856)	0.0000 (-0.5607)	0.0000 (-0.6576)	0.0000 (-0.4202)	0.0000 (-0.4704)	0.0000 (-0.2891)	0.0000 (-0.7767)
	26	-0.0001 (-0.2109)	-0.0001 (-0.2282)	-0.0001 (-0.2193)	-0.0001 (-0.2871)	0.0000 (-0.4744)	0.0000 (-0.5274)	0.0000 (-0.4393)	0.0000 (-0.6250)	0.0000 (-0.3808)	0.0000 (-0.6822)	0.0000 (-0.7321)	0.0000 (-0.6160)
	52	-0.0004 (-1.4119)	-0.0002 (-1.3998)	-0.0001 (-1.3549)	-0.0001 (-1.3116)	-0.0001 (-1.4175)	-0.0001 (-1.5887)	**-0.0001** (**-1.9173**)	**0.0000** (**-1.6822**)	**0.0000** (**-1.9015**)	**0.0000** (**-2.2631**)	**0.0000** (**-2.6393**)	**0.0000** (**-2.0932**)
	104	0.0000 (-0.1206)	0.0000 (-0.2463)	0.0000 (-0.2221)	0.0000 (-0.3400)	0.0000 (-0.2624)	0.0000 (-0.3811)	0.0000 (-0.4240)	0.0000 (-0.5843)	0.0000 (-0.1162)	0.0000 (0.2162)	0.0000 (0.5654)	0.0000 (-0.4247)
	156	0.0002 (0.9169)	0.0001 (1.0167)	0.0001 (0.9498)	0.0001 (0.9731)	0.0000 (0.7918)	0.0000 (0.8580)	0.0000 (0.6868)	0.0000 (0.7450)	0.0000 (0.7782)	0.0000 (1.1356)	0.0000 (0.9780)	**0.0000** (**1.8148**)

注：括号内为 t 值，黑体表示在 90% 置信水平下显著的分组。

表 5.5　二等分冷静期 2 周时各组收益率和显著程度

<table>
<tr><th rowspan="2">回望期（周）</th><th colspan="13">持有期（周）</th></tr>
<tr><th>1</th><th>2</th><th>3</th><th>4</th><th>6</th><th>8</th><th>12</th><th>16</th><th>26</th><th>52</th><th>104</th><th>156</th></tr>
<tr><td>1</td><td>-0.0007
(-1.6051)</td><td>-0.0004
(-1.7715)</td><td>-0.0002
(-1.7650)</td><td>-0.0002
(-1.6891)</td><td>-0.0001
(-1.9212)</td><td>-0.0001
(-1.8635)</td><td>-0.0001
(-1.8124)</td><td>-0.0001
(-1.6535)</td><td>0.0000
(-2.2069)</td><td>0.0000
(-2.3191)</td><td>0.0000
(-2.4273)</td><td>0.0000
(-1.5814)</td></tr>
<tr><td>2</td><td>0.0005
(1.1592)</td><td>0.0002
(1.1457)</td><td>0.0001
(0.9420)</td><td>0.0001
(0.9052)</td><td>0.0001
(0.9571)</td><td>0.0000
(0.9265)</td><td>0.0000
(0.8249)</td><td>0.0000
(0.6342)</td><td>0.0000
(0.7805)</td><td>0.0000
(0.5732)</td><td>0.0000
(0.3587)</td><td>0.0000
(0.8618)</td></tr>
<tr><td>3</td><td>**0.0012**
(3.0513)</td><td>**0.0006**
(2.9572)</td><td>**0.0004**
(2.8817)</td><td>**0.0003**
(2.8306)</td><td>**0.0002**
(2.8491)</td><td>**0.0001**
(2.7591)</td><td>**0.0001**
(2.6751)</td><td>**0.0001**
(2.7907)</td><td>**0.0001**
(2.8329)</td><td>**0.0000**
(1.9691)</td><td>0.0000
(1.2242)</td><td>**0.0000**
(1.7293)</td></tr>
<tr><td>4</td><td>**0.0008**
(2.1942)</td><td>**0.0004**
(2.3140)</td><td>**0.0003**
(2.2860)</td><td>**0.0002**
(2.2969)</td><td>**0.0001**
(2.3016)</td><td>**0.0001**
(2.3536)</td><td>**0.0001**
(2.3925)</td><td>**0.0001**
(2.2055)</td><td>**0.0000**
(2.1491)</td><td>**0.0000**
(2.5566)</td><td>**0.0000**
(2.1867)</td><td>**0.0000**
(1.9561)</td></tr>
<tr><td>6</td><td>0.0002
(0.6381)</td><td>0.0001
(0.5709)</td><td>0.0001
(0.6470)</td><td>0.0001
(0.7016)</td><td>0.0000
(0.6529)</td><td>0.0000
(0.6971)</td><td>0.0000
(0.4755)</td><td>0.0000
(0.6580)</td><td>0.0000
(0.6483)</td><td>0.0000
(-0.0862)</td><td>0.0000
(0.6687)</td><td>0.0000
(0.8289)</td></tr>
<tr><td>8</td><td>0.0001
(0.3132)</td><td>0.0000
(0.2671)</td><td>0.0000
(0.1742)</td><td>0.0000
(0.2636)</td><td>0.0000
(0.3217)</td><td>0.0000
(0.2696)</td><td>0.0000
(0.4697)</td><td>0.0000
(0.6223)</td><td>0.0000
(0.6148)</td><td>0.0000
(0.0132)</td><td>0.0000
(-0.5098)</td><td>0.0000
(-0.1804)</td></tr>
<tr><td>12</td><td>0.0005
(1.4941)</td><td>0.0003
(1.5921)</td><td>0.0002
(1.5745)</td><td>0.0001
(1.5535)</td><td>0.0001
(1.5004)</td><td>0.0001
(1.5473)</td><td>**0.0001**
(1.8129)</td><td>0.0001
(1.5489)</td><td>0.0000
(1.0904)</td><td>0.0000
(0.7717)</td><td>0.0000
(0.0947)</td><td>0.0000
(0.3297)</td></tr>
<tr><td>16</td><td>-0.0005
(-1.5371)</td><td>-0.0002
(-1.5064)</td><td>-0.0001
(-1.3066)</td><td>-0.0001
(-1.2581)</td><td>-0.0001
(-1.2006)</td><td>-0.0001
(-1.3403)</td><td>-0.0001
(-1.2385)</td><td>-0.0001
(-1.2155)</td><td>-0.0001
(-1.2134)</td><td>-0.0001
(-1.1599)</td><td>0.0000
(-1.5999)</td><td>0.0000
(-1.1013)</td></tr>
<tr><td>26</td><td>**-0.0007**
(-2.4072)</td><td>**-0.0003**
(-2.2719)</td><td>**-0.0002**
(-2.3614)</td><td>**-0.0002**
(-2.5233)</td><td>**-0.0001**
(-2.6684)</td><td>**-0.0001**
(-2.4638)</td><td>**-0.0001**
(-2.1107)</td><td>**0.0000**
(-2.0022)</td><td>**0.0000**
(-2.1991)</td><td>**0.0000**
(-2.1928)</td><td>**0.0000**
(-2.4140)</td><td>**0.0000**
(-2.1422)</td></tr>
<tr><td>52</td><td>**0.0005**
(1.9326)</td><td>**0.0002**
(1.7669)</td><td>**0.0002**
(1.8838)</td><td>**0.0001**
(1.8090)</td><td>**0.0001**
(2.1161)</td><td>**0.0001**
(2.1588)</td><td>**0.0001**
(1.8020)</td><td>**0.0001**
(1.6303)</td><td>**0.0000**
(1.8148)</td><td>**0.0000**
(1.7241)</td><td>0.0000
(1.4214)</td><td>**0.0000**
(2.3166)</td></tr>
<tr><td>104</td><td>0.0002
(0.6336)</td><td>0.0001
(0.6430)</td><td>0.0001
(0.6503)</td><td>0.0000
(0.7624)</td><td>0.0000
(0.8326)</td><td>0.0000
(1.0402)</td><td>0.0000
(0.9725)</td><td>0.0000
(0.7957)</td><td>0.0000
(0.7269)</td><td>0.0000
(0.5315)</td><td>**0.0000**
(2.1417)</td><td>**0.0000**
(1.7514)</td></tr>
<tr><td>156</td><td>0.0002
(0.5969)</td><td>0.0001
(0.6352)</td><td>0.0000
(0.5578)</td><td>0.0000
(0.4454)</td><td>0.0000
(0.6219)</td><td>0.0000
(0.6845)</td><td>0.0000
(0.6651)</td><td>0.0000
(0.7379)</td><td>0.0000
(0.8965)</td><td>0.0000
(0.0944)</td><td>0.0000
(0.5871)</td><td>0.0000
(0.1110)</td></tr>
</table>

注：括号内为 t 值，黑体表示在 90% 置信水平下显著的分组。

第5章 我国股票市场的动量和反转效应

表 5.6　二等分冷静期 3 周时各组收益率和显著程度

回望期（周）	持有期（周）											
	1	2	3	4	6	8	12	16	26	52	104	156
1	0.0005 (1.3122)	0.0003 (1.2942)	0.0001 (1.1012)	0.0001 (1.0544)	0.0001 (1.1045)	0.0001 (1.0858)	0.0000 (0.9661)	0.0000 (0.7808)	0.0000 (0.9283)	0.0000 (0.6448)	0.0000 (0.3535)	0.0000 (0.8335)
2	**0.0012** **(3.0862)**	**0.0006** **(2.9812)**	**0.0004** **(2.9052)**	**0.0003** **(2.8517)**	**0.0002** **(2.8728)**	**0.0001** **(2.7843)**	**0.0001** **(2.6908)**	**0.0001** **(2.8008)**	**0.0001** **(2.8284)**	**0.0000** **(1.9596)**	0.0000 (1.2065)	**0.0000** **(1.7502)**
3	**0.0007** **(2.1097)**	**0.0004** **(2.2249)**	**0.0003** **(2.1964)**	**0.0002** **(2.2038)**	**0.0001** **(2.2190)**	**0.0001** **(2.2855)**	**0.0001** **(2.3369)**	**0.0001** **(2.1346)**	**0.0000** **(2.0780)**	**0.0000** **(2.4659)**	**0.0000** **(2.1364)**	**0.0000** **(2.0026)**
4	0.0000 (0.0848)	0.0001 (0.2776)	0.0000 (0.3835)	0.0000 (0.3543)	0.0000 (0.3166)	0.0000 (0.1905)	0.0000 (0.0754)	0.0000 (0.1466)	0.0000 (0.4208)	0.0000 (−0.0726)	0.0000 (−0.0891)	0.0000 (0.2349)
6	−0.0003 (−0.9950)	−0.0002 (−0.9781)	−0.0001 (−0.9861)	−0.0001 (−1.0841)	−0.0001 (−1.2540)	−0.0001 (−1.3020)	−0.0001 (−1.1538)	−0.0001 (−1.0841)	0.0000 (−1.1907)	0.0000 (−1.4995)	0.0000 (−1.2439)	**0.0000** **(−2.0108)**
8	0.0001 (0.2626)	0.0000 (0.1055)	0.0000 (0.1154)	0.0000 (0.0440)	0.0000 (0.0322)	0.0000 (−0.1060)	0.0000 (0.0104)	0.0000 (−0.1257)	0.0000 (−0.1529)	0.0000 (−0.2274)	0.0000 (−0.0772)	0.0000 (0.1498)
12	0.0001 (0.2628)	0.0000 (0.0846)	0.0000 (0.0305)	0.0000 (−0.0776)	0.0000 (−0.0307)	0.0000 (−0.0200)	0.0000 (−0.3125)	0.0000 (−0.7083)	0.0000 (−0.2393)	0.0000 (−0.4642)	0.0000 (−0.2008)	0.0000 (−0.0867)
16	0.0001 (0.1781)	0.0000 (0.2215)	0.0000 (0.1819)	0.0000 (0.1073)	0.0000 (−0.0091)	0.0000 (0.1955)	0.0000 (0.1469)	0.0000 (0.2960)	0.0000 (0.1348)	0.0000 (0.6763)	0.0000 (1.0752)	0.0000 (0.3304)
26	−0.0002 (−0.6746)	−0.0001 (−0.7222)	−0.0001 (−0.8645)	−0.0001 (−0.8327)	0.0000 (−0.9424)	0.0000 (−0.6714)	0.0000 (−0.5483)	0.0000 (−0.5858)	0.0000 (−0.8274)	0.0000 (0.3697)	0.0000 (0.5346)	0.0000 (−0.3052)
52	−0.0003 (−0.9190)	−0.0001 (−0.8090)	−0.0001 (−0.8413)	−0.0001 (−0.7338)	0.0000 (−0.6392)	0.0000 (−0.6109)	0.0000 (−0.8395)	0.0000 (−0.7597)	0.0000 (−0.3244)	0.0000 (0.2119)	0.0000 (−0.0548)	0.0000 (0.2541)
104	0.0000 (−0.0886)	0.0000 (0.0352)	0.0000 (0.0154)	0.0000 (−0.0107)	0.0000 (−0.1487)	0.0000 (−0.1287)	0.0000 (0.0229)	0.0000 (−0.0055)	0.0000 (0.1899)	0.0000 (0.5967)	0.0000 (1.5079)	0.0000 (0.8381)
156	−0.0001 (−0.4744)	−0.0001 (−0.4517)	0.0000 (−0.3944)	0.0000 (−0.4042)	0.0000 (−0.2812)	0.0000 (−0.2908)	0.0000 (−0.4128)	0.0000 (−0.3168)	0.0000 (−0.1258)	0.0000 (0.7104)	0.0000 (0.9527)	0.0000 (1.1130)

注：括号内为 t 值，黑体表示在 90% 置信水平下显著的分组。

表5.7 二等分冷静期4周时各组收益率和显著程度

<table>
<tr><th rowspan="2"></th><th colspan="11">持有期（周）</th></tr>
<tr><th>1</th><th>2</th><th>3</th><th>4</th><th>6</th><th>8</th><th>12</th><th>16</th><th>26</th><th>52</th><th>104</th><th>156</th></tr>
<tr><td rowspan="2">1</td><td>**0.0013**</td><td>**0.0006**</td><td>**0.0004**</td><td>**0.0003**</td><td>**0.0002**</td><td>**0.0002**</td><td>**0.0001**</td><td>**0.0001**</td><td>**0.0001**</td><td>**0.0000**</td><td>0.0000</td><td>**0.0000**</td></tr>
<tr><td>(**3.1980**)</td><td>(**3.0842**)</td><td>(**3.0096**)</td><td>(**2.9709**)</td><td>(**2.9859**)</td><td>(**2.8971**)</td><td>(**2.7897**)</td><td>(**2.8811**)</td><td>(**2.9153**)</td><td>(**2.0345**)</td><td>(1.2554)</td><td>(**1.8438**)</td></tr>
<tr><td rowspan="2">2</td><td>**0.0007**</td><td>**0.0004**</td><td>**0.0003**</td><td>**0.0002**</td><td>**0.0001**</td><td>**0.0001**</td><td>**0.0001**</td><td>**0.0001**</td><td>**0.0000**</td><td>**0.0000**</td><td>0.0000</td><td>**0.0000**</td></tr>
<tr><td>(**1.9969**)</td><td>(**2.1147**)</td><td>(**2.0825**)</td><td>(**2.0887**)</td><td>(**2.1116**)</td><td>(**2.1800**)</td><td>(**2.2272**)</td><td>(**2.0458**)</td><td>(**1.9876**)</td><td>(**2.3646**)</td><td>(**2.0378**)</td><td>(**1.8837**)</td></tr>
<tr><td rowspan="2">3</td><td>0.0000</td><td>0.0000</td><td>0.0000</td><td>0.0000</td><td>0.0000</td><td>0.0000</td><td>0.0000</td><td>0.0000</td><td>0.0000</td><td>0.0000</td><td>0.0000</td><td>0.0000</td></tr>
<tr><td>(0.0509)</td><td>(0.2319)</td><td>(0.3280)</td><td>(0.2929)</td><td>(0.2546)</td><td>(0.1215)</td><td>(0.0140)</td><td>(0.0624)</td><td>(0.3206)</td><td>(-0.1414)</td><td>(-0.1755)</td><td>(0.0621)</td></tr>
<tr><td rowspan="2">4</td><td>0.0002</td><td>0.0001</td><td>0.0001</td><td>0.0001</td><td>0.0000</td><td>0.0000</td><td>0.0000</td><td>0.0000</td><td>0.0000</td><td>0.0000</td><td>0.0000</td><td>0.0000</td></tr>
<tr><td>(0.6849)</td><td>(0.6197)</td><td>(0.7055)</td><td>(0.7727)</td><td>(0.7234)</td><td>(0.7634)</td><td>(0.5263)</td><td>(0.7000)</td><td>(0.7259)</td><td>(0.0168)</td><td>(0.6663)</td><td>(0.8044)</td></tr>
<tr><td rowspan="2">6</td><td>0.0001</td><td>0.0000</td><td>0.0000</td><td>0.0000</td><td>0.0000</td><td>0.0000</td><td>0.0000</td><td>0.0000</td><td>0.0000</td><td>0.0000</td><td>0.0000</td><td>0.0000</td></tr>
<tr><td>(0.2580)</td><td>(0.2054)</td><td>(0.1366)</td><td>(0.2130)</td><td>(0.2683)</td><td>(0.2081)</td><td>(0.4122)</td><td>(0.5564)</td><td>(0.5369)</td><td>(-0.1049)</td><td>(-0.5548)</td><td>(-0.2475)</td></tr>
<tr><td rowspan="2">8</td><td>0.0000</td><td>0.0000</td><td>0.0000</td><td>0.0000</td><td>0.0000</td><td>0.0000</td><td>0.0000</td><td>0.0000</td><td>0.0000</td><td>0.0000</td><td>0.0000</td><td>0.0000</td></tr>
<tr><td>(-0.0272)</td><td>(-0.0062)</td><td>(-0.0503)</td><td>(-0.1046)</td><td>(-0.1401)</td><td>(-0.0463)</td><td>(0.2521)</td><td>(0.0594)</td><td>(-0.3163)</td><td>(-1.2181)</td><td>(-1.0309)</td><td>(-0.9781)</td></tr>
<tr><td rowspan="2">12</td><td>**-0.0008**</td><td>**-0.0004**</td><td>**-0.0003**</td><td>**-0.0002**</td><td>**-0.0002**</td><td>**-0.0001**</td><td>**-0.0001**</td><td>-0.0001</td><td>**0.0000**</td><td>**0.0000**</td><td>**0.0000**</td><td>**0.0000**</td></tr>
<tr><td>(**-2.7634**)</td><td>(**-2.8260**)</td><td>(**-2.9717**)</td><td>(**-3.0218**)</td><td>(**-2.9187**)</td><td>(**-2.8608**)</td><td>(**-2.7732**)</td><td>(**-2.5743**)</td><td>(**-2.0877**)</td><td>(**-2.2393**)</td><td>(**-1.8467**)</td><td>(**-1.5634**)</td></tr>
<tr><td rowspan="2">16</td><td>0.0003</td><td>0.0002</td><td>0.0001</td><td>0.0001</td><td>0.0001</td><td>0.0001</td><td>0.0000</td><td>0.0000</td><td>0.0000</td><td>0.0000</td><td>0.0000</td><td>0.0000</td></tr>
<tr><td>(1.0738)</td><td>(1.1098)</td><td>(1.1485)</td><td>(1.1644)</td><td>(1.0987)</td><td>(1.2316)</td><td>(0.8581)</td><td>(0.8648)</td><td>(0.9713)</td><td>(0.6318)</td><td>(1.2210)</td><td>(**1.5481**)</td></tr>
<tr><td rowspan="2">26</td><td>-0.0004</td><td>-0.0002</td><td>-0.0001</td><td>-0.0001</td><td>-0.0001</td><td>0.0000</td><td>0.0000</td><td>0.0000</td><td>0.0000</td><td>0.0000</td><td>0.0000</td><td>0.0000</td></tr>
<tr><td>(-1.1859)</td><td>(-1.1906)</td><td>(-1.2809)</td><td>(-1.2168)</td><td>(-1.0566)</td><td>(-1.0106)</td><td>(-1.0809)</td><td>(-1.0952)</td><td>(-0.9090)</td><td>(-0.5601)</td><td>(-0.0292)</td><td>(-0.0455)</td></tr>
<tr><td rowspan="2">52</td><td>**0.0006**</td><td>**0.0003**</td><td>**0.0002**</td><td>**0.0002**</td><td>**0.0001**</td><td>**0.0001**</td><td>0.0000</td><td>**0.0000**</td><td>**0.0000**</td><td>**0.0000**</td><td>**0.0000**</td><td>**0.0000**</td></tr>
<tr><td>(**2.1799**)</td><td>(**2.2332**)</td><td>(**2.1625**)</td><td>(**2.1346**)</td><td>(**2.0669**)</td><td>(**2.0278**)</td><td>(**1.8415**)</td><td>(**2.2959**)</td><td>(**2.6957**)</td><td>(**2.6814**)</td><td>(**2.5769**)</td><td>(**2.1639**)</td></tr>
<tr><td rowspan="2">104</td><td>0.0004</td><td>0.0002</td><td>0.0001</td><td>0.0001</td><td>0.0001</td><td>0.0000</td><td>0.0000</td><td>0.0000</td><td>0.0000</td><td>0.0000</td><td>0.0000</td><td>0.0000</td></tr>
<tr><td>(**1.6169**)</td><td>(**1.5479**)</td><td>(1.3199)</td><td>(1.3299)</td><td>(1.3459)</td><td>(1.3743)</td><td>(1.0908)</td><td>(1.1164)</td><td>(0.7406)</td><td>(0.5541)</td><td>(-0.2613)</td><td>(-0.9809)</td></tr>
<tr><td rowspan="2">156</td><td>-0.0001</td><td>-0.0001</td><td>0.0000</td><td>0.0000</td><td>0.0000</td><td>0.0000</td><td>0.0000</td><td>0.0000</td><td>0.0000</td><td>0.0000</td><td>0.0000</td><td>0.0000</td></tr>
<tr><td>(-0.5464)</td><td>(-0.4775)</td><td>(-0.5367)</td><td>(-0.6411)</td><td>(-0.3416)</td><td>(-0.2670)</td><td>(-0.6230)</td><td>(-0.2480)</td><td>(-0.2425)</td><td>(-0.5638)</td><td>(-0.6119)</td><td>(0.0864)</td></tr>
</table>

（左侧列标签：回望期（周），值为 1, 2, 3, 4, 6, 8, 12, 16, 26, 52, 104, 156）

注：括号内为 t 值，黑体表示在 90% 置信水平下显著的分组。

5.2.4 回望期的影响

从表 5.3～表 5.7 中能够获取显著收益的分组情况来看，回望期在 1～4 周构建的一部分 LHPS 组合基本能够在回望期、持有期和冷静期之和小于 8 周时获得显著的收益，本节重点对这些分组进行研究。

1. 回望期 1 周的情况

根据表 5.3～表 5.7 回望期 1 周组合对应的持有期平均收益可以计算出该组合从持有第 1 周起的每周累积收益率（见表 5.8）。

表 5.8　二等分回望期 1 周组合在不同冷静期时前 4 周累积收益率

		持有期（周）			
		1	2	3	4
冷静期（周）	0	**0.2619%**	**0.2610%**	**0.2611%**	**0.2585%**
	1	**−0.1308%**	**−0.1364%**	**−0.1411%**	**−0.1424%**
	2	−0.0660%	−0.0733%	−0.0736%	−0.0721%
	3	0.0523%	0.0525%	0.0449%	0.0436%
	4	**0.1257%**	**0.1214%**	**0.1195%**	**0.1200%**

注：黑体表示在 90% 置信水平下显著。

可以看出，每种持有期内主要起作用的都是第 1 周的收益。通过设置不同的冷静期可以获得该组合在之后每周的收益率期望值和显著程度，冷静期 0～4 周对应组合建立后的第 1～5 周。根据 LHPS 组合收益率期望的正负和显著程度可知，组合建立后第 1 周有明显的反转效应，第 2 周出现明显的动量效应，第 3 周有微弱的动量效应，第 4 周有微弱的反转效应，从第 5 周开始再次出现明显的反转效应。

2. 回望期 2 周的情况

表 5.9 中回望期 2 周组合在接下来几周的收益率期望值正好与回望期 1 周组合相差 1 周，说明判断短期动量和反转效应的组合只需要计算回望期 1 周的数据即可。

表 5.9　二等分回望期 2 周组合在不同冷静期时前 4 周累积收益率

		持有期（周）			
		1	2	3	4
冷静期（周）	0	−0.1274%	−0.1325%	−0.1374%	−0.1391%
	1	−0.0689%	−0.0762%	−0.0767%	−0.0755%
	2	0.0461%	0.0464%	0.0383%	0.0373%
	3	**0.1210%**	**0.1171%**	**0.1150%**	**0.1148%**
	4	0.0706%	0.0755%	0.0752%	0.0772%

注：黑体表示在 90% 置信水平下显著。

因此，我国股票市场具有投资价值的反转和动量效应只出现在周频率上，利用单周收益率构造的相对强度组合在第 1 周和第 5 周出现显著的反转效应，第 2 周出现显著的动量效应。

5.3　投资策略

为了进一步分析以上动量和反转效应在我国 A 股市场的投资效果，本节分别设计动量和反转投资策略进行研究。

由上述分析可知，动量效应主要出现在回望期和冷静期之和为 2 周、持有期为 1 周的时候。因此，设计回望期、冷静期、持有期均为 1 周（通过以上分析可知持有期越长收益越差），分别进行二等分、三等分、四等分、五等分、八等分和十等分构造反向 LHPS 组合（即买入涨幅高的组合、卖出涨幅低的组合），并计算业绩表现，指标如表 5.10 所示，绘制净值曲线，如图 5.1 所示。

表 5.10　动量效应投资组合业绩表现

指标	二等分	三等分	四等分	五等分	八等分	十等分
年化收益率	6.80%	9.00%	9.87%	11.10%	13.44%	14.81%
夏普比率	0.6661	0.6604	0.6421	0.6733	0.7382	0.7845
最大回撤率	45.48%	51.72%	55.00%	58.25%	60.20%	58.51%

第5章 我国股票市场的动量和反转效应

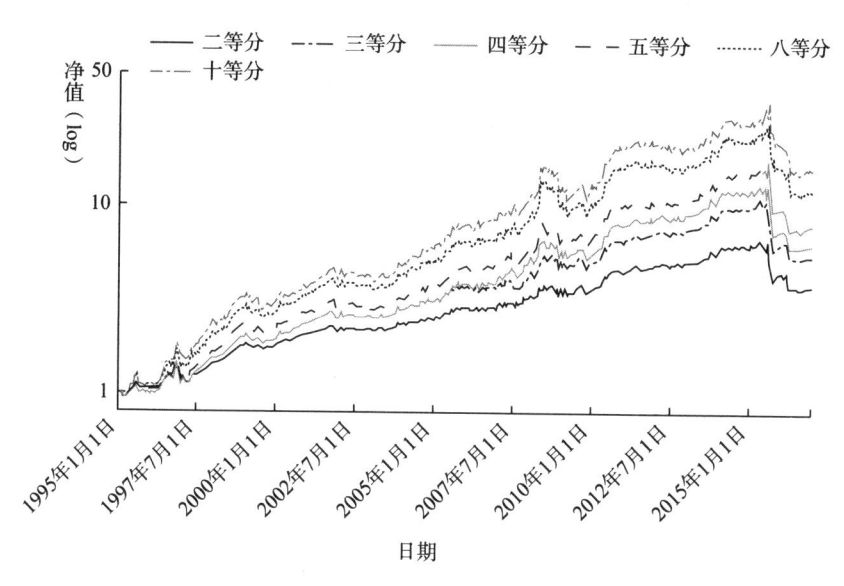

图5.1 动量效应投资组合净值曲线

表5.10中不同分组方式的动量效应投资组合年化收益率和夏普比率总体上随着分组细致程度的提高而提高，最大回撤率总体上也随之增加，进一步说明了我国股票市场存在动量效应，且细致分组的动量效应更加明显。受到趋势剧烈反转的影响，六种投资组合的最大回撤率都出现在2015年6月"股灾"之后，但回撤程度在五等分之后没有特别显著的变化，造成这种现象的原因是，投资组合受到我国股市涨跌停板制度和后续政府救市的影响，否则五等分到十等分的投资组合最大回撤率应该会更大。

图5.1给出了六种不同分组方法构造投资组合的净值曲线。其中，二等分、三等分和四等分组的净值最高点出现在2015年4月10日，而其他三种分组的净值最高点出现在2015年6月12日，这也是"股灾"前的最后一个交易日。净值最高点出现时间的差异存在两种解释：第一，从本书分析上看，分组越细致动量效应越明显，因此在市场快要出现反转的时候，动量效应不明显的分组会先受到影响，丧失动量效应；第二，从行为金融学的角度上看，牛市初期和中期动量效应明显，投资

者倾向于采用"抓牛股"的思路,一波一波的资金入市推动了股票的持续上涨,而到牛市后期,大部分股票涨幅已经很高,累积了大量风险,有经验的投资者开始卖出涨幅相对较高的股票而买入涨幅相对较低的股票,于是之前涨幅较低的股票开始补涨,反转效应出现,并逐步取代动量效应。因此,这种净值高点的差异在某种程度上可以反映市场结构的变化,为研究结构性风险提供了新的角度。

设计反转效应投资策略如下:设定回望期和持有期为1周,无冷静期,采用六种分组方法分别构造组合,并计算业绩表现,指标如表5.11所示,绘制净值曲线,如图5.2所示。

表 5.11 反转效应投资组合业绩表现

指标	二等分	三等分	四等分	五等分	八等分	十等分
年化收益率	13.62%	18.66%	21.15%	22.02%	24.09%	23.86%
夏普比率	1.1619	1.1989	1.1885	1.1614	1.1470	1.1016
最大回撤率	27.15%	37.30%	45.27%	51.47%	53.84%	54.44%

图5.2中分组越细致累积收益越高,但是四等分之后的投资效果差异不大,且三等分的夏普比率最高(见表5.11)。这说明反转效应并不取决于涨跌幅度,而是受整体组合的影响比较大,大部分股票有均值回归的趋势,即使个别股票连续上涨也无法改变投资组合收益反转的趋势。反转效应投资组合的净值最高点也出现在不同的时间点上,五等分及以下分组的最高点为2014年11月28日,八等分和十等分组的最高点出现在2014年12月5日,正好对应了最近一次"牛市"的起点。这是因为当"牛市"开启时,强势的股票开始连续处于单边上涨的趋势,动量效应显著增强,造成反转投资策略产生损失,这种净值高点的差异是否能作为预测"牛市"来临的依据有待检验。该投资组合最近一次净值低点出现在2015年8月7日,并在之后呈现稳步上涨的状态。这反映了我国股票市场又回归了反转效应占据主导的状态。

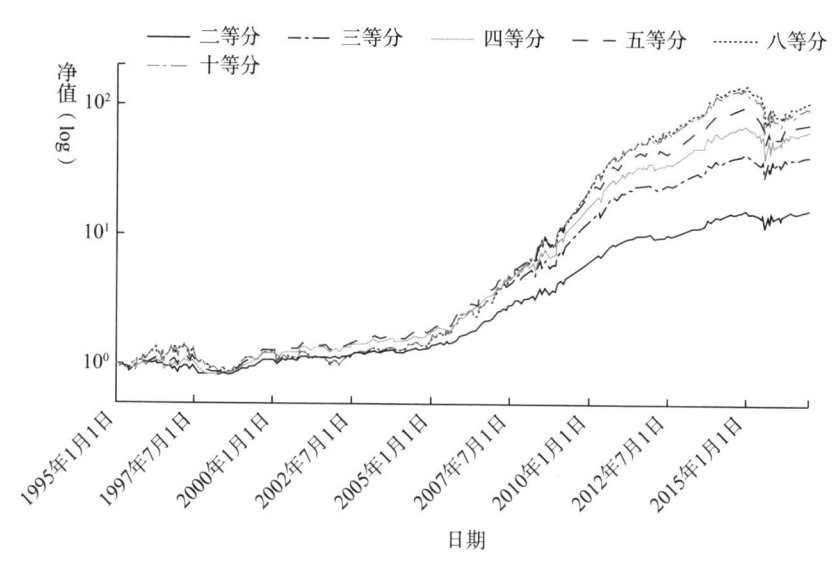

图 5.2 反转效应投资组合净值曲线

5.4 本章小结

本章通过构造不同回望期、持有期、冷静期和分组方式的相对强度组合研究了我国 A 股市场上存在的动量和反转效应，并提出了针对两种效应的投资策略。实证结果发现以下结论。

我国股票市场长期的反转效应强于动量效应。具有投资价值的反转和动量效应只出现在周频率上，利用单周收益率构造的相对强度组合在第 1 周和第 5 周出现显著的反转效应，第 2 周出现显著的动量效应。

动量效应和反转效应两者是同时存在、相互制衡的整体，不能割裂看待。动量效应持续增强时，反转效应就会减弱，越来越多的股票呈现单边趋势，市场从熊市逐渐转为牛市；当牛市后期股票累积涨幅到一定程度后，获利投资者纷纷卖出涨幅高的股票，反转效应逐渐增强，动量效应减弱，市场从牛市转为熊市；市场进入熊市初期，会出现整体大跌，受我国股票市场涨跌停板制度的限制，两种策略都无法获得正收益。

本书还提出了一种利用动量和反转效应相对强度组合对市场状态进行预测的方法,即当细致分组和粗糙分组净值变化出现明显差异时说明市场的牛熊状态正在转换。如何衡量这种净值变化差异将是下一步研究的重点。

第6章
我国股票市场的因子投资策略

传统的证券资产配置主要是在股票和债券之间按照规则调整各自的持仓比例,但是在2001年互联网泡沫破裂之后,大部分证券投资基金的权益出现断崖式下跌,投资者们开始从配置风险资产的种类转向配置不同的投资策略,私募股权基金、对冲基金和大宗商品等另类投资方式开始被更多投资者所认可。但是 Asness 等、Anson 指出私募股权基金和对冲基金仍然在结构上依赖股票和债券市场,因此产生的投资组合仍然对市场因子具有较大的敞口,不利于风险的分散。[1] 2008~2009年金融危机时期,号称对市场免疫的对冲基金出现了20%~30%的下跌,这使得投资者们继续反思如何能够构造出真正免疫市场波动的投资组合,与市场因子并列的其他系统性因子逐渐成了投资的主角。此后,多元化因子投资开始兴起,投资组合从配置投资策略向配置投资因子转变。

MSCI 资产配置研究总监 Brett Hammond 的一项研究[2]指出,投资方式在近30年中有了巨大的发展,之前的主动管理没有区分因子收益和阿尔法收益,而从2010年后,因子投资真正地从主动管理中分离出来,

---

[1] Asness, C., U. Kra, and J. Liew. Do Hedge Funds Hedge? Working Paper, AQR Capital Management, 2001; Anson, M. The Beta Continuum: From Classic Beta to Bulk Beta. *Journal of Portfolio Management*, 2008, 34 (2): 54-64.

[2] 参见 https://www.msci.com/www/blog-posts/can-alpha-be-captured-by-risk/0231655334。

成为一种新的投资方式，见图 6.1。这里的因子投资组合是指为了模拟一些系统性风险因子对投资组合收益的影响，捕获各种特异效应而构建的投资组合，一般同时包含多头和空头头寸，通过多头和空头的平衡消除目标因子之外其他因子的影响，也叫因子模拟组合（Factor Mimicking Portfolio）。

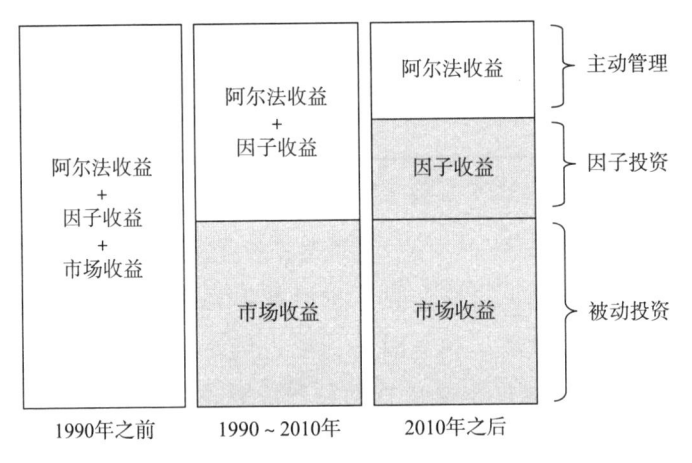

图 6.1 投资方式的演变

目前国内对于多因子选股策略的研究很多借鉴了 20 世纪 90 年代 MSCI Barra 的策略内容。具体的做法通常是将因子等同于技术指标，认为因子只是给股票进行排序或者打分的一个标准，通过构建海量因子，并进行最近一段时间的回测，将表现较好的因子挑选出来，进而根据这些因子对股票进行打分，排序后获得一个投资组合。这种做法事实上扩大了投资组合对于特定因子的敞口，根据前几章的分析，规模、价值等也属于系统性风险因子，如果这些因子产生损失，也会给投资组合带来大量损失。

本章利用中证 800 指数及其权重股票 2007 年 1 月 19 日到 2017 年 1 月 20 日的周交易数据进行因子模拟组合的分析，通过各种因子组合的表现近似地反映我国股票市场中的一些特异效应，为进行投资策略设计提供参考。根据既往文献、数据可得性以及经验，本章主要研究我国股票市场上的规模、价值和截面动量因子。对每种因子的研究思路如下：第一，通过细致的划分（五等分组）和粗糙的划分（二等分组）进行对比分析；第二，要进行不同加权方式（平均加权和市值加权）的对比分析；第三，构造零成本投资组合与每个分组进行对比分析；第四，将每个分组看作一个投资策略，并对其年化收益率、夏普比率和最大回撤率进行对比分析；第五，将每种组合的收益率与市场基准组合进行线性回归并对比分析。

6.1 中证 800 指数简介

中证 800 指数属于中证规模指数系列，反映了沪深证券市场内不同市值规模上市公司的股票表现，由中证 500 和沪深 300 成分股一起构成。沪深 300 成分股反映了沪深证券市场内大市值公司的情况，中证 500 成分股反映了沪深证券市场内中小市值公司的情况，因此，中证 800 指数能够综合反映沪深证券市场内大中小市值公司的整体状况。

中证 800 指数以 2004 年 12 月 31 日为基日，以 1000 点为基点。能够进入中证 800 指数的股票需要满足：上市时间超过一个季度，除非该股票自上市以来的日均 A 股总市值在全部沪深 A 股中排在前 30 位；非 ST、*ST 股票，非暂停上市股票。

中证 800 权重股的选择方法与沪深 300 和中证 500 相同。其中沪深 300 指数样本股选择方法：计算样本空间内股票最近一年（新股为上市第四个交易日以来）的 A 股日均成交金额与 A 股日均总市值；对样本空间股票在最近一年的 A 股日均成交金额由高到低排名，剔除排名后 50% 的股票；对剩余股票按照最近一年 A 股日均总市值由高到低排名，选取前 300 名股票组成沪深 300 指数样本股。中证 500 指数样本股选择方法：在样本空间中剔除沪深 300 指数样本股及最近一年 A 股日均总市值排在前300名的股票；将剩余股票按照最近一年（新股为上市以来）的A股日均成交金额由高到低排名，剔除排名后20%的股票；将剩余股票按照最近一年A股日均总市值由高到低排名，选取排在前500名的股票组成中证500指数样本股。

由此可以看出，中证800指数的样本股既能保证在不同市值范围的分布，又具备良好的流动性，利用它们构建因子组合并进行因子投资可以保证策略的容量和实现的可能性。本研究的市场因子数据采用中证800指数每周的全收益数据，包含股价收益和分红收益等，其他因子数据按照每周五收盘后成分股对应交易和基本面数据进行排序分组后计算得到。

6.2 规模因子投资

虽然规模效应在美国股票市场上已经显得不那么明显，但是在我国证券市场目前尚未成熟的阶段，通过构造规模因子的零成本投资组合进行投资仍然能够获得可观的收益。MSCI发布的Barra第三代中国股票模型（CNE5）仍然将小市值作为选股的一个重要条件，因此，本章对于我国证券市场的因子投资研究首先从规模因子开始。

对中证800指数第$t-1$周的成分股按照总市值进行排序并分成低20%、20%~40%、40%~60%、60%~80%、高20%五组，分别将每组所含股票的第t周收益进行平均加权或者市值加权。为了捕捉已有研究中发现的规模异象，再加入小市值分组与大市值分组的收益之差，利用低20%分组数据和高20%分组数据构造零成本投资组合，该投资组合在每期买多低20%组合、卖空高20%组合，简称"低20%-高20%"（或"多空模拟组合"）。绘制以上六组投资组合的周收益净值曲线，如图6.2和图6.3所示。

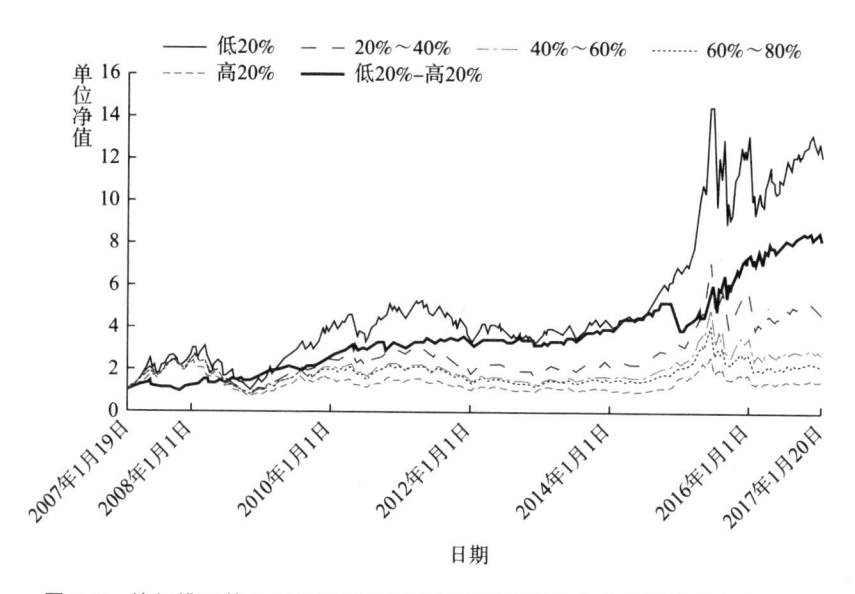

图 6.2　按规模五等分平均加权分组和规模因子投资组合的周收益净值曲线

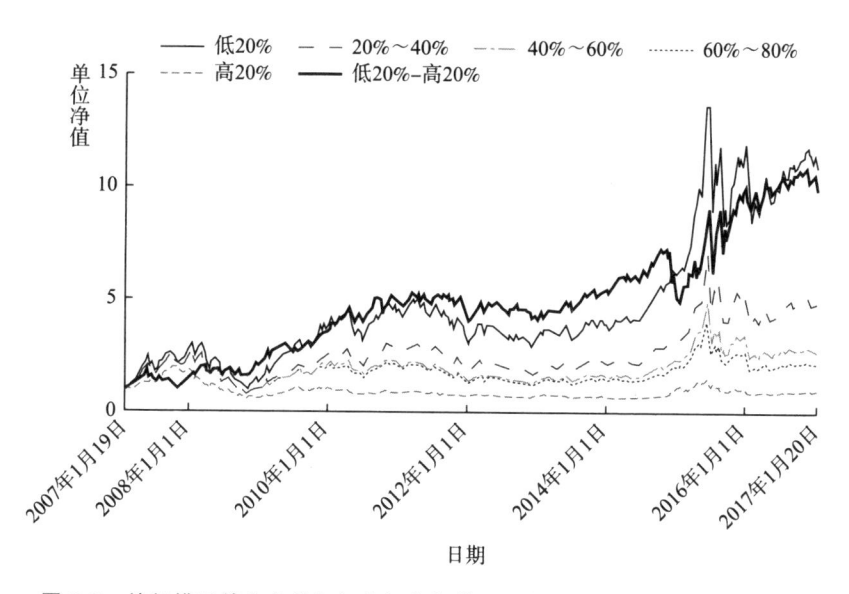

图 6.3　按规模五等分市值加权分组和规模因子投资组合的周收益净值曲线

从两种不同加权方式的周收益净值对比图上可以看出，总体上规模越小累积收益越高，且净值的波动越大；多空模拟组合的收益水平相对较高，且波动率相对较小。

对以上 12 个收益率序列的表现进行投资组合评估，主要通过两种途径：一方面利用一般的业绩评价指标，即年化收益率、夏普比率和最大回撤率（见表6.1）；另一方面利用业绩基准（中证 800 指数收益率序列）进行线性回归，对截距项、市场风险因子系数及其显著程度等进行分析（见表6.2）。

表 6.1 规模五等分组和规模因子投资组合收益率序列评价指标对比

指标	平均加权					
	低 20%	20%~40%	40%~60%	60%~80%	高 20%	低 20% - 高 20%
年化收益率	32.22%	22.27%	16.56%	13.24%	8.88%	23.34%
夏普比率	0.8857	0.6270	0.4796	0.4073	0.2950	1.1966
最大回撤率	66.33%	70.47%	71.27%	70.78%	71.36%	33.68%

指标	市值加权					
	低 20%	20%~40%	40%~60%	60%~80%	高 20%	低 20% - 高 20%
年化收益率	31.08%	22.00%	16.25%	13.05%	3.79%	27.29%
夏普比率	0.8542	0.6197	0.4714	0.4016	0.1415	0.9898
最大回撤率	66.60%	70.81%	71.31%	70.87%	70.58%	43.19%

无论从图 6.2 和图 6.3 还是从表 6.1 都可以明显地看出：在我国证券市场中确实存在规模异象，小市值规模投资组合收益明显大于大市值规模投资组合收益，波动率也更大；通过零成本投资组合的形式可以吸收单边做多的风险，在经历了两波牛熊市之后，最大回撤率基本能够降低一半，夏普比率有明显的提高。

表 6.2 规模五等分组和规模因子投资组合与中证 800 指数收益率回归结果

	平均加权					
	低 20%	20%~40%	40%~60%	60%~80%	高 20%	低 20% - 高 20%
截距项	**0.0042** (4.0369)	**0.0023** (2.5401)	0.0012 (1.5254)	0.0006 (1.0482)	-0.0001 (-0.4924)	**0.0043** (3.6467)

续表

	平均加权					
	低20%	20%~40%	40%~60%	60%~80%	高20%	低20%-高20%
β_{Mkt}	**1.0865** (**42.8501**)	**1.0930** (**50.0191**)	**1.0822** (**56.4449**)	**1.0467** (**71.7288**)	**1.0046** (**152.1679**)	**0.0819** (**2.8280**)
调整后的拟合优度	0.7825	0.8306	0.8620	0.9098	0.9784	0.0135
MSE	0.0006	0.0004	0.0003	0.0002	0.0000	0.0007
	市值加权					
	低20%	20%~40%	40%~60%	60%~80%	高20%	低20%-高20%
截距项	**0.0040** (**3.8488**)	**0.0022** (**2.4878**)	0.0011 (1.4619)	0.0006 (1.0101)	-0.0008 (-1.1437)	**0.0048** (**2.9315**)
β_{Mkt}	**1.0888** (**43.2387**)	**1.0926** (**50.1126**)	**1.0810** (**56.7692**)	**1.0489** (**74.1948**)	**0.8231** (**49.6294**)	**0.2657** (**6.7215**)
调整后的拟合优度	0.7856	0.8311	0.8633	0.9152	0.8284	0.0797
MSE	0.0005	0.0004	0.0003	0.0002	0.0002	0.0013

注：括号内为对应系数的t统计量；黑体表示在95%置信水平下显著。

表6.2给出了这12种投资组合对市场风险因子的回归结果。从截距项系数来看，无论采取何种加权方式，小市值规模的投资组合和零成本投资组合能够取得显著的正阿尔法收益，并且阿尔法收益随着市值规模的增加而逐渐减少，阿尔法收益的显著性水平也随之降低，其中取得最多阿尔法收益的组合是零成本投资组合；从市场风险因子系数β_{Mkt}来看，除了零成本投资组合之外的其他组合都与市场因子紧密相关，系数都在1左右，而在平均加权方式下的零成本投资组合与市场因子的相关性最低，因此平均加权的多空模拟组合可以作为市场风险因子之外的系统性风险因子来反映规模大小带来的超额收益。

上面研究的每个组合仅包含160只股票，零成本投资组合包含320只股票，为了取得更一般性的结论，以下对二等分组进行研究。

与五等分组的情况一样，从图6.4和图6.5可以看出，小市值规模股票组合的累积收益和波动率都远远大于大市值规模股票组合，而零成本投资组合的周收益净值曲线则相对平稳。

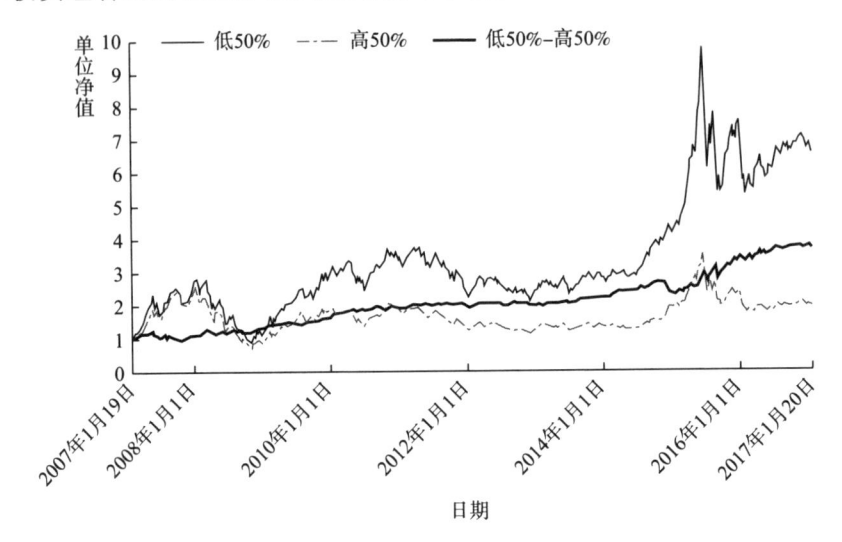

图6.4 按规模二等分平均加权分组和规模因子投资组合的周收益净值曲线

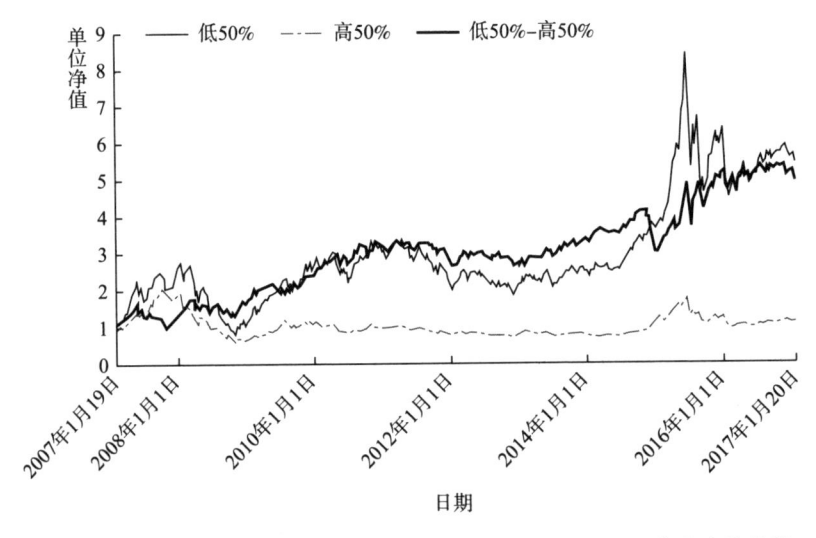

图6.5 按规模二等分市值加权分组和规模因子投资组合的周收益净值曲线

表6.3中，平均加权的零成本投资组合最大回撤率只有20.78%，夏普比率提升到1.26，是本节四种零成本投资组合中最好的情况，但同时组合的年化收益率只有13.89%，是本节四种零成本投资组合中最差的情况。

第6章 我国股票市场的因子投资策略

表6.3 规模二等分组和规模因子投资组合收益率序列评价指标对比

指标	平均加权 低50%	平均加权 高50%	平均加权 低50%-高50%	市值加权 低50%	市值加权 高50%	市值加权 低50%-高50%
年化收益率	25.58%	11.69%	13.89%	23.61%	4.64%	18.97%
夏普比率	0.7178	0.3743	1.2565	0.6652	0.1740	0.8320
最大回撤率	68.82%	70.94%	20.78%	69.77%	70.39%	37.47%

表6.4的回归结果中,从截距项系数来看,无论采用什么加权方法,高50%组合都无法取得显著的阿尔法正收益;二等分组平均加权的零成本投资组合依然与市场因子保持了非常低的相关度,而市值加权的零成本投资组合与市场因子的相关度相对较高,造成这种情况的原因是市场因子组合本身是按市值加权构造的。

表6.4 规模二等分组和规模因子投资组合与中证800指数收益率回归结果

	平均加权 低50%	平均加权 高50%	平均加权 低50%-高50%	市值加权 低50%	市值加权 高50%	市值加权 低50%-高50%
截距项	**0.0029** (**3.1536**)	0.0004 (0.9687)	**0.0026** (**3.8248**)	**0.0025** (**2.8204**)	-0.0007 (-1.3312)	**0.0032** (**2.4109**)
β_{Mkt}	**1.0900** (**48.3303**)	**1.0352** (**117.3371**)	**0.0547** (**3.3454**)	**1.0913** (**49.7592**)	**0.8564** (**69.2430**)	**0.2349** (**7.2316**)
调整后的拟合优度	0.8207	0.9643	0.0196	0.8291	0.9038	0.0914
MSE	0.0004	0.0001	0.0002	0.0004	0.0001	0.0009

注:括号内为对应系数的t统计量;黑体表示在95%置信水平下显著。

图6.6展示了四种不同分组和加权方式的规模因子投资组合的周收益净值曲线的变化,四种组合都能够在长期取得一定的收益,五等分零成本投资组合长期收益明显高于二等分零成本投资组合,且波动更大;市值加权组合长期收益高于平均加权组合,且波动更大。引起波动的原因主要在于,规模因子在震荡市或者熊市中的表现比牛市好,在牛市的

表现分为三个阶段：牛市初期，大市值权重股的涨幅远超小市值组合，规模因子会产生亏损；牛市中期，小市值规模股票涨幅比大市值规模股票更大，规模因子能够产生盈利；牛市转熊市时，小市值规模股票跌幅比大市值规模股票大，规模因子会再次产生亏损。

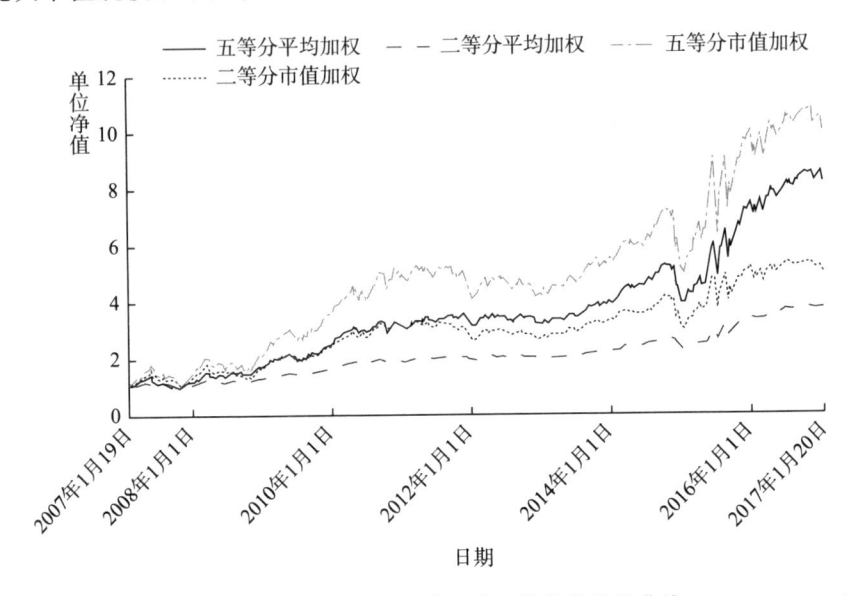

图 6.6　四种规模因子投资组合的周收益净值曲线

从十年的数据上看，我国证券市场存在规模效应，投资规模因子（零成本投资组合）能够在长期产生稳定收益。在进行规模因子投资策略制定时，可以根据策略希望的容量以及投资者的风险厌恶程度选择图 6.6 中的不同组合。

6.3　价值因子投资

价值因子也是欧美市场中的重要投资因子，由图 2.4 可知，价值因子的零成本投资组合可以在美国证券市场上取得良好的收益。根据 Fama 和 French 的研究，将股票的账面价值与市场价值之比（简称 B/M 值）作为衡量股票价值特性的标准，将 B/M 值低的股票看作成长型股票，而将 B/M 值高的股票看作价值型股票。① 对中证 800 指数第 $t-1$ 周的成分股按照个股 PB_LF 的倒数，即每股净资产（账面价值）/每股市价（市场价值），进行排序并分成低 20%、20%~40%、40%~60%、60%~80%、高 20% 五组，分别将每组所含股票的第 t 周收益进行平均加权或者市值加权。为了捕捉我国证券市场特有的价值异象，再加入成长型股票分组与价值型股票分组收益之差，利用低 20% 分组数据和高 20% 分组数据构造零成本投资组合，该投资组合在每期买多高 20% 组合、卖空低 20% 组合，简称"高 20% - 低 20%"（或"多空模拟组合"），绘制不同组合的周收益净值曲线，如图 6.7 和图 6.8 所示。

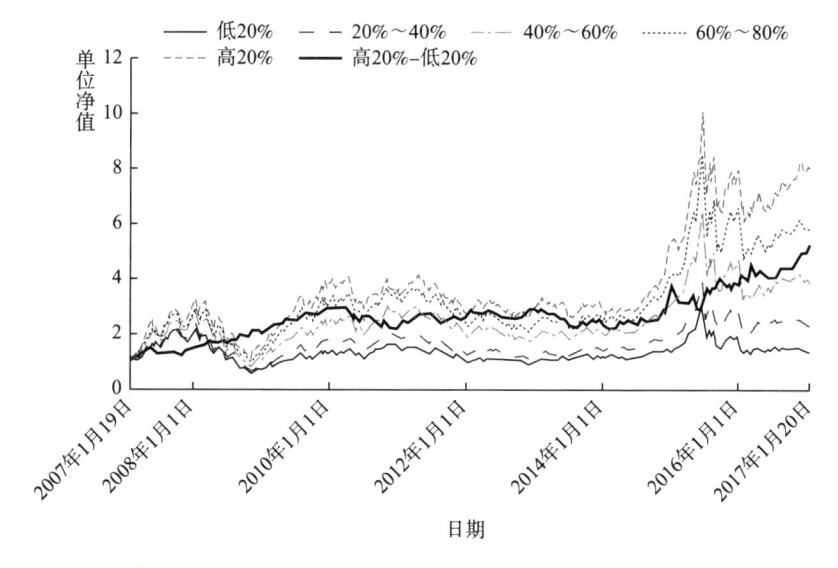

图 6.7 按价值五等分平均加权分组和价值因子投资组合的周收益净值曲线

从图 6.7 和图 6.8 可以看出，我国股票市场也存在价值异象，投资价值型股票能够获得比成长型股票更高的收益；市值加权组合的低 20% 和 20%~40% 分组的累积收益为负值（如果单位净值小于1，累积收益会出现负值），反映了这段时间内成长型股票在控制了规模效应之

---

① Fama, E., K. French. Size, Value, and Momentum in International Stock Returns. *Journal of Financial Economics*, 2012, 105: 457-472.

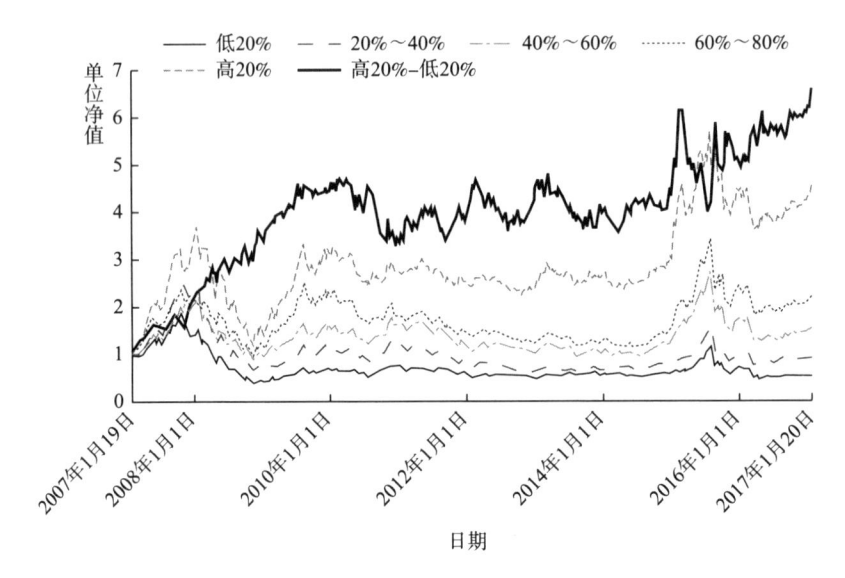

图 6.8　按价值五等分市值加权分组和价值因子投资组合的周收益净值曲线

后不能取得正的收益，这条证据也反驳了市场上一些人宣传进行成长型股票投资能够长期获得高额收益的言论。

表 6.5 给出了各分组进行因子投资时的主要绩效评估指标，从数据上可以看出，我国市场的价值异象比较明显，通过投资价值型股票组合能够在长期获得较高的收益。同时投资价值因子可以有效地降低波动，其中市值加权零成本投资组合还能提高投资收益。

表 6.5　价值五等分组和价值因子投资组合收益率序列评价指标对比

指标	平均加权					
	低 20%	20%~40%	40%~60%	60%~80%	高 20%	高 20% - 低 20%
年化收益率	8.43%	14.44%	19.55%	23.95%	26.81%	18.38%
夏普比率	0.2607	0.4245	0.5720	0.6905	0.8082	1.0906
最大回撤率	73.84%	72.44%	70.22%	66.74%	65.51%	26.17%

指标	市值加权					
	低 20%	20%~40%	40%~60%	60%~80%	高 20%	高 20% - 低 20%
年化收益率	-2.98%	2.98%	7.82%	11.74%	19.79%	22.77%

续表

指标	市值加权					
	低20%	20%~40%	40%~60%	60%~80%	高20%	高20%-低20%
夏普比率	-0.1005	0.0971	0.2623	0.4006	0.6632	0.9492
最大回撤率	79.54%	76.65%	60.08%	61.93%	67.64%	34.96%

从表6.6中截距项数据可以看出：平均加权的成长型股票组合没有显著的阿尔法收益，而平均加权的价值型股票组合和多空模拟组合具有显著的正阿尔法收益；市值加权的成长型股票组合具有显著的负阿尔法收益，而市值加权的价值型股票组合和多空模拟组合具有显著的正阿尔法收益。这种现象进一步确认了我国股票市场中存在价值异象。从市场风险因子系数 β_{Mkt} 可以看出：多空模拟组合与市场因子的相关度较低，市值加权的多空模拟组合与市场因子不存在显著的相关关系，且回归得到的调整后的拟合优度为负值，适合与市场因子同时进行投资。

表6.6 价值五等分组和价值因子投资组合与中证800指数收益率回归结果

	平均加权					
	低20%	20%~40%	40%~60%	60%~80%	高20%	高20%-低20%
截距项	-0.0002 (-0.2589)	0.0008 (1.0856)	**0.0018** **(2.5326)**	**0.0026** **(3.6419)**	**0.0032** **(4.5808)**	**0.0034** **(3.3338)**
β_{Mkt}	**0.9987** **(51.0353)**	**1.0717** **(58.8392)**	**1.0879** **(64.1324)**	**1.1040** **(63.9683)**	**1.0508** **(61.2052)**	**0.0521** **(2.0762)**
调整后的拟合优度	0.8362	0.8716	0.8897	0.8892	0.8801	0.0064
MSE	0.0003	0.0003	0.0002	0.0003	0.0003	0.0005
	市值加权					
	低20%	20%~40%	40%~60%	60%~80%	高20%	高20%-低20%
截距项	**-0.0022** **(-2.8833)**	-0.0012 (-1.9438)	-0.0002 (-0.3850)	0.0006 (0.8780)	**0.0022** **(2.5361)**	**0.0044** **(2.9870)**
β_{Mkt}	**0.9042** **(48.0550)**	**0.9785** **(64.1010)**	**0.9491** **(63.9334)**	**0.9241** **(59.0399)**	**0.8906** **(42.6764)**	-0.0135 (-0.3768)

续表

	市值加权					
	低20%	20%~40%	40%~60%	60%~80%	高20%	高20%-低20%
调整后的拟合优度	0.8190	0.8896	0.8890	0.8723	0.7811	-0.0017
MSE	0.0003	0.0002	0.0002	0.0002	0.0004	0.0011

注：括号内为对应系数的t统计量；黑体表示在95%置信水平下显著。

二等分组的研究结果如下。

由图6.9和图6.10可以看出，价值二等分零成本投资组合的表现不如五等分零成本投资组合，反映了价值因子的效用可能只对最低和最高B/M值组合来说有作用，对于中间分组来说作用不够明显。

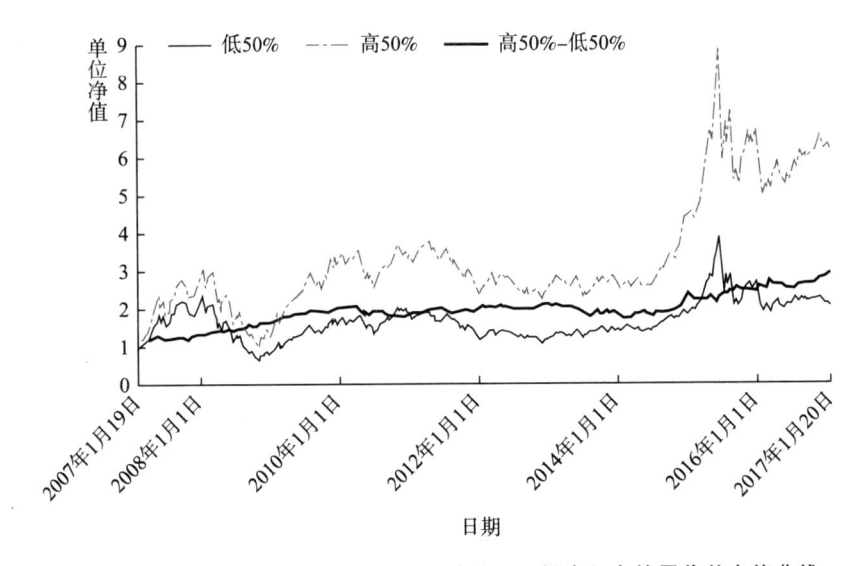

图6.9　按价值二等分平均加权分组和价值因子投资组合的周收益净值曲线

表6.7中，平均加权的零成本投资组合最大回撤率只有18.05%，夏普比率提升到1.14，是本节四种零成本投资组合中最好的情况，但同时组合的年化收益率只有11.46%，是本节四种零成本投资组合中最差的情况。

第6章 我国股票市场的因子投资策略

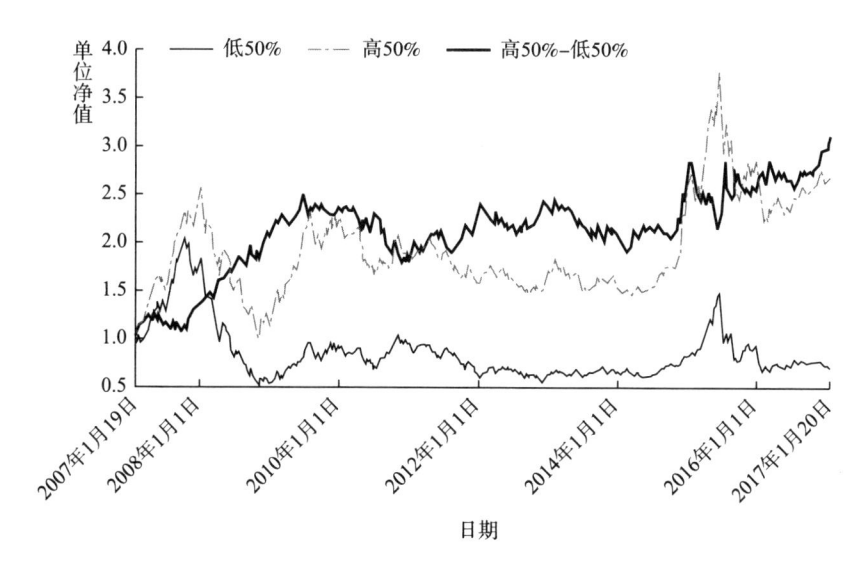

图6.10 按价值二等分市值加权分组和价值因子投资组合的周收益净值曲线

表6.7 价值二等分组和价值因子投资组合收益率序列评价指标对比

指标	平均加权			市值加权		
	低50%	高50%	高50%-低50%	低50%	高50%	高50%-低50%
年化收益率	12.90%	24.37%	11.46%	0.93%	13.84%	12.90%
夏普比率	0.3901	0.7215	1.1442	0.0319	0.5021	0.7723
最大回撤率	72.41%	67.07%	18.05%	74.28%	60.90%	28.15%

表6.8中最引人注意的是，市值加权的多空模拟组合与市场因子呈负相关关系，说明用这种方法构造的价值因子能够满足APT对于因子间不相关的要求，显著的负值也反映价值因子甚至可以用来对冲市场因子的风险。

图6.11给出了四种价值因子投资组合的周收益净值曲线对比。

从图6.11上看，价值因子投资组合周收益净值走势总体上处于一种长期缓慢向上的状态，符合因子投资的标准。2010~2014年投资组合净值始终处于宽幅震荡，说明这段时间价值型股票和成长型股票经常出现轮动，造成价值因子无法取得收益；价值因子在熊市初期、牛市初期和牛市末期都能取得良好的收益，这也是价值因子与市场因子负相关的原因。

表 6.8 价值二等分组和价值因子投资组合与中证 800 指数收益率回归结果

	平均加权			市值加权		
	低 50%	高 50%	高 50% - 低 50%	低 50%	高 50%	高 50% - 低 50%
截距项	0.0006 (0.7884)	**0.0027** (4.1223)	**0.0021** (3.4889)	**-0.0015** (-2.7085)	0.0011 (1.7033)	**0.0026** (2.5659)
β_{Mkt}	**1.0436** (59.4041)	1.0816 (67.7437)	0.0379 (2.5479)	0.9344 (67.8306)	0.8624 (55.8552)	-0.0720 (-2.9053)
调整后的拟合优度	0.8737	0.9000	0.0107	0.9002	0.8595	0.0144
MSE	0.0003	0.0002	0.0002	0.0002	0.0002	0.0005

注：括号内为对应系数的 t 统计量；黑体表示在 95% 置信水平下显著。

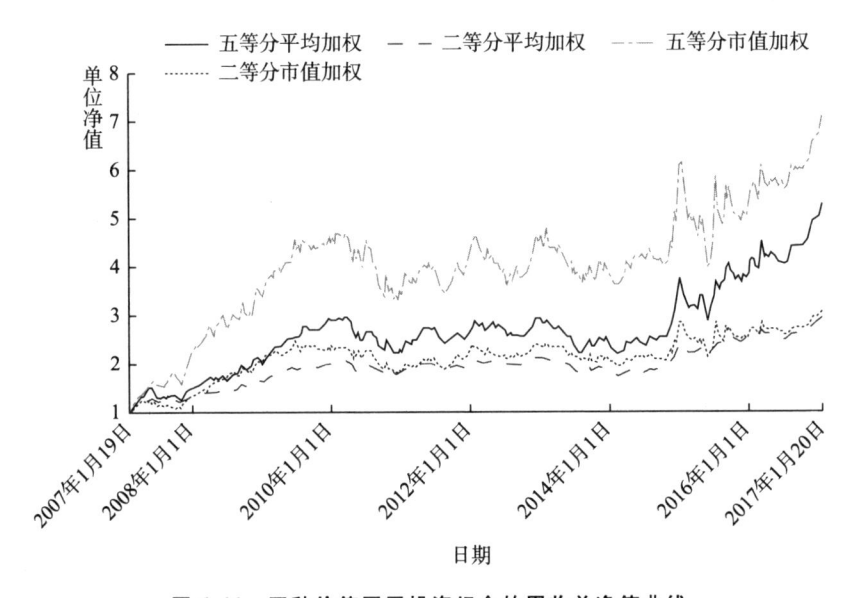

图 6.11 四种价值因子投资组合的周收益净值曲线

6.4 反转因子投资

动量因子是投资领域的一个重要因子，自从 Jegadeesh 和 Titman 发

第6章 我国股票市场的因子投资策略

表关于截面动量的研究之后,全球的学者从各个角度对其进行了研究。[①] 动量主要分为截面动量、时序动量和绝对动量等,根据笔者团队的研究,对于我国股市来说,利用截面动量构造反转因子零成本投资组合进行投资可以取得良好的效果。

动量(Momentum)是物理学的概念,意思是物体运动的趋势。由于现实世界中存在惯性,运动的物体会向同样的方向持续运动,即使出现了阻力也不会立即静止或者反向运动。动量投资的本意是通过买多上涨的股票、卖空下跌的股票构造投资组合。但是,根据对我国证券市场的观察,笔者发现 A 股股票市场的截面动量投资能够取得稳定的负收益,那么如果反着来做就可以取得正收益,即通过趋势的反转盈利。

基于以上趋势反转的思路,将股票第 $t-1$ 期收益率进行排序并分成低 20%、20%~40%、40%~60%、60%~80%、高 20% 五组,分别将每组所含股票的第 t 周收益进行平均加权或者市值加权。为了捕捉我国证券市场特有的反转异象,利用低 20% 分组数据和高 20% 分组数据构造零成本投资组合,即买入上一期涨幅较低的股票组合并卖出上一期涨幅较高的股票组合。由于该投资组合在每期买多低 20% 组合、卖空高 20% 组合,简称"低 20% – 高 20%"(或"多空模拟组合"),绘制不同组合的周收益净值曲线,如图 6.12 和图 6.13 所示。

从图 6.12 和图 6.13 中可以看出,我国股票市场确实存在非常强的单周反转作用,利用截面动量[②]排序的高 20% 组合在长期不能取得正收益(如果单位净值小于 1,累积收益会出现负值);与前面两种因子不同的是,反转因子投资组合的周收益净值波动看起来非常大,并且平均加权的反转因子投资组合取得了超高的收益。

根据表 6.9 可知,平均加权反转因子投资组合的夏普比率达到了

[①] Jegadeesh, N., S. Titman. Returns to Buying Winners and Selling Losers: Implications for Stock Market Efficiency. *Journal of Finance*, 1993, 48: 65 – 91.
[②] 下文分析中动量是指截面动量。

1.82，年化收益率为34.36%，这个水平已经高出了证券市场中的绝大部分基金产品。

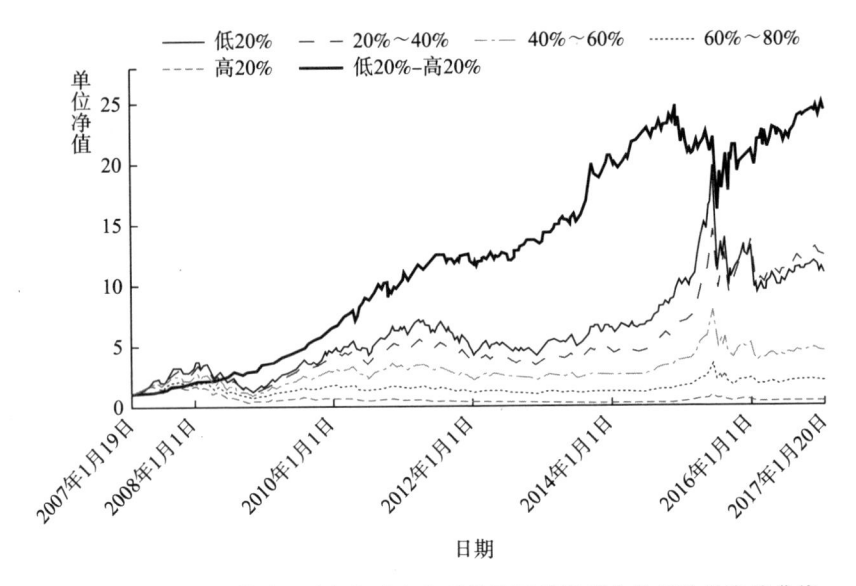

图6.12 按动量五等分平均加权分组和反转因子投资组合的周收益净值曲线

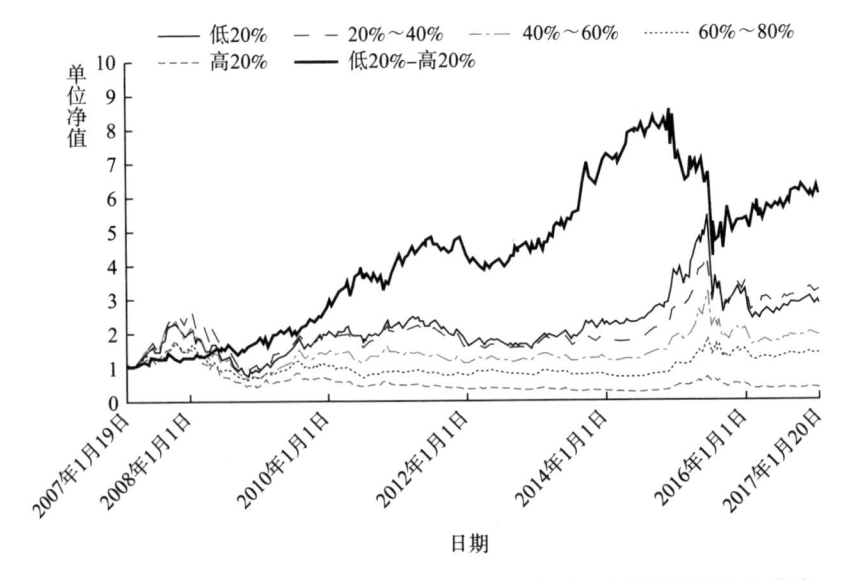

图6.13 按动量五等分市值加权分组和反转因子投资组合的周收益净值曲线

表 6.9 动量五等分组和反转因子投资组合收益率序列评价指标对比

指标	平均加权					
	低 20%	20%~40%	40%~60%	60%~80%	高 20%	低 20% - 高 20%
年化收益率	31.06%	31.57%	21.11%	12.74%	-3.30%	34.36%
夏普比率	0.8524	0.9202	0.6251	0.3882	-0.1030	1.8208
最大回撤率	67.72%	67.01%	67.51%	69.49%	84.81%	33.87%

指标	市值加权					
	低 20%	20%~40%	40%~60%	60%~80%	高 20%	低 20% - 高 20%
年化收益率	16.00%	16.55%	11.03%	7.58%	-5.28%	21.28%
夏普比率	0.4879	0.5419	0.3732	0.2611	-0.1744	0.8814
最大回撤率	67.35%	67.27%	71.91%	64.21%	85.83%	49.96%

从表 6.10 中截距项看，市值加权的前四个分组中只有一组取得较低的显著收益，并且高 20% 分组取得了一个显著的负阿尔法收益；而平均加权的前三个分组均取得了显著的正阿尔法收益，高 20% 分组取得了显著的负阿尔法收益。这说明平均加权反转因子投资组合的收益是比较稳健的。

表 6.10 动量五等分组和反转因子投资组合与中证 800 指数收益率回归结果

	平均加权					
	低 20%	20%~40%	40%~60%	60%~80%	高 20%	低 20% - 高 20%
截距项	**0.0039** (4.2020)	**0.0041** (5.1485)	**0.0021** (2.9224)	0.0005 (0.8160)	**-0.0025** (-3.3866)	**0.0064** (5.6070)
β_{Mkt}	**1.1178** (49.1690)	**1.0718** (55.2103)	**1.0694** (61.1325)	**1.0495** (66.7477)	**1.0046** (56.4575)	**0.1132** (4.0734)
调整后的拟合优度	0.8257	0.8566	0.8799	0.8973	0.8620	0.0297
MSE	0.0004	0.0003	0.0003	0.0002	0.0003	0.0007

	市值加权					
	低 20%	20%~40%	40%~60%	60%~80%	高 20%	低 20% - 高 20%
截距项	0.0012 (1.4405)	**0.0014** (2.1378)	0.0004 (0.6404)	-0.0002 (-0.2639)	**-0.0027** (-3.2613)	**0.0039** (2.6676)

续表

	市值加权					
	低 20%	20%~40%	40%~60%	60%~80%	高 20%	低 20% - 高 20%
β_{Mkt}	**0.9999** (**47.5478**)	**0.9642** (**59.8526**)	**0.9327** (**59.5937**)	**0.8986** (**51.7331**)	**0.9155** (**45.5535**)	**0.0845** (**2.3513**)
调整后的拟合优度	0.8159	0.8753	0.8744	0.8399	0.8026	0.0088
MSE	0.0004	0.0002	0.0002	0.0003	0.0003	0.0011

注：括号内为对应系数的 t 统计量；黑体表示在 95% 置信水平下显著。

从图 6.14、图 6.15 和表 6.11 中可以看出，平均加权分组的多空模拟组合表现最好，而且该组合在十年内既保持了高水平的年化收益率，又取得了所有因子中最小的最大回撤率，夏普比率达到惊人的 2.09。

从表 6.12 中截距项看，平均加权的低 50% 分组能够取得显著的正阿尔法收益，高 50% 分组不能取得显著的阿尔法收益；市值加权的低 50% 分组不能取得显著的阿尔法收益，高 50% 分组能够取得显著的负阿尔法收益。两组反转因子投资组合与市场因子的相关度都比较低，适宜进行因子投资。

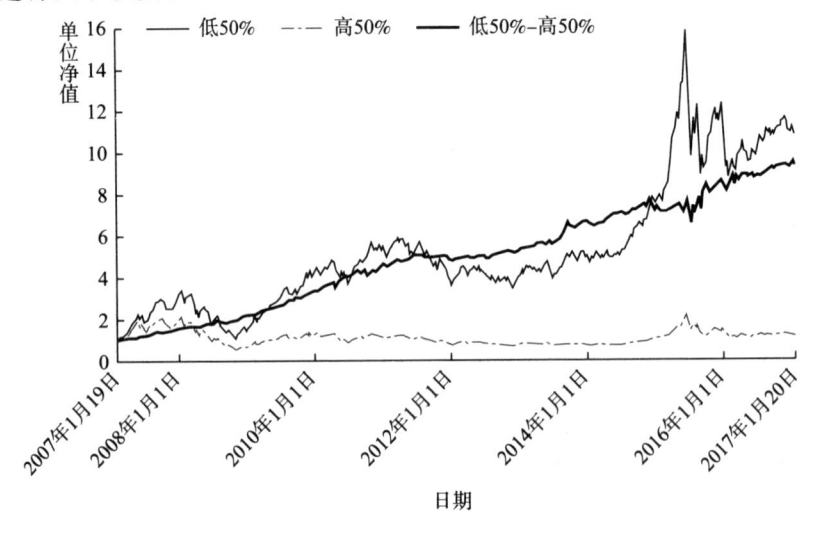

图 6.14 按动量二等分平均加权分组和反转因子投资组合的周收益净值曲线

第6章 我国股票市场的因子投资策略

图6.15 按动量二等分市值加权分组和反转因子投资组合的周收益净值曲线

表6.11 动量二等分组和反转因子投资组合收益率序列评价指标对比

指标	平均加权			市值加权		
	低50%	高50%	低50% - 高50%	低50%	高50%	低50% - 高50%
年化收益率	30.35%	6.92%	23.44%	15.23%	0.60%	14.62%
夏普比率	0.8734	0.2145	2.0898	0.5075	0.0211	0.8378
最大回撤率	66.53%	72.70%	13.73%	66.97%	76.34%	33.47%

表6.12 动量二等分组和反转因子投资组合与中证800指数收益率回归结果

	平均加权			市值加权		
	低50%	高50%	低50% - 高50%	低50%	高50%	低50% - 高50%
截距项	**0.0038** (**4.8873**)	-0.0006 (-0.9174)	**0.0044** (**6.4602**)	0.0012 (1.9313)	**-0.0015** (**-2.3733**)	**0.0027** (**2.5297**)
β_{Mkt}	**1.0908** (**57.0648**)	**1.0344** (**68.9821**)	**0.0565** (**3.4028**)	**0.9559** (**64.4686**)	**0.8943** (**57.2617**)	**0.0616** (**2.3728**)
调整后的拟合优度	0.8646	0.9032	0.0203	0.8907	0.8654	0.0090
MSE	0.0003	0.0002	0.0002	0.0002	0.0002	0.0006

注：括号内为对应系数的t统计量；黑体表示在95%置信水平下显著。

图 6.16 所示四种不同反转因子投资组合的周收益净值曲线中,五等分组的波动较为剧烈,反映了高 20% 分组和低 20% 分组的反转效应较强;平均加权分组比市值加权分组的收益高而且最大回撤率小,原因是平均加权的因子组合构造形式会受到规模因子的影响。反转因子在大多数时期表现良好,出现最大回撤率是在牛市初期和熊市初期,因为这两个时期股票价格趋势的延续性强,不利于反转因子投资。

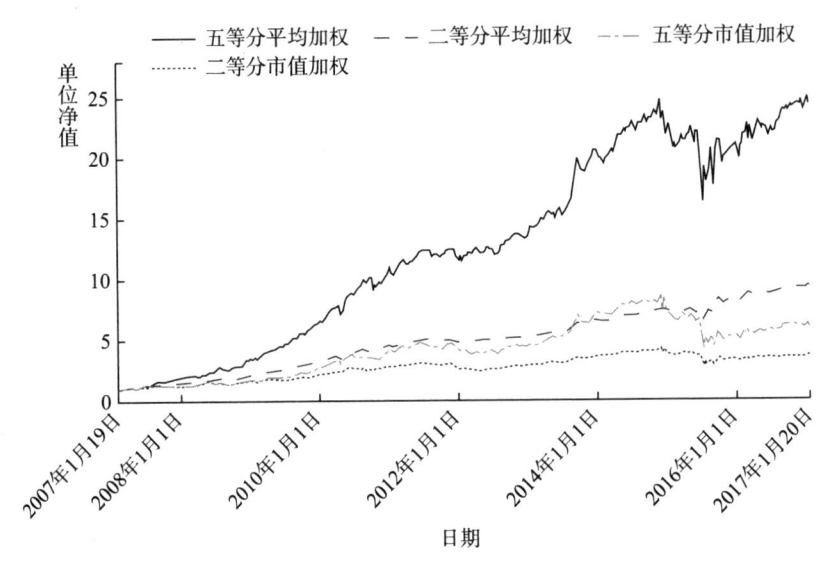

图 6.16 四种反转因子投资组合的周收益净值曲线

需要指出的是,进行反转因子投资最大的好处是不用考虑涨跌停板的问题,因为本身买入的就是下跌比较多的股票,卖出的是涨幅较高的股票;而最大的缺点是每周调仓数量比较大,需要支付大量的交易费用。

6.5 多元化因子投资

前面三节对我国股票市场上存在的几种投资因子进行了较为细致的研究,从整体的分析来看,本章构造的三类因子投资组合的累积收益均高于中证800指数，波动率均低于中证800指数，均有显著的正阿尔法收益，并且均与中证800指数收益率的相关性较低，体现出了良好的投资属性。

虽然以上12种因子投资组合都能取得比市场高的收益，但是根据风险分散的原则，为了取得更高的收益并且尽可能地降低风险，还需要利用相同分类方式下的不同因子构建投资组合。计算的每种分组方式中三个因子及市场因子的相关系数如表6.13所示。

表6.13 不同分组方式和加权方式下因子相关系数

分组方式		平均加权				市值加权			
		市场	规模	价值	反转	市场	规模	价值	反转
五等分组	市场	1.0000	0.1238	0.0910	0.1750	1.0000	0.1459	0.1118	0.1468
	规模	0.1238	1.0000	-0.0585	0.3234	0.1459	1.0000	0.0116	0.3324
	价值	0.0910	-0.0585	1.0000	-0.0468	0.1118	0.0116	1.0000	0.0260
	反转	0.1750	0.3234	-0.0468	1.0000	0.1468	0.3324	0.0260	1.0000
二等分组	市场	1.0000	0.2850	-0.0170	0.1020	1.0000	0.3049	-0.1283	0.1037
	规模	0.2850	1.0000	-0.2996	0.3127	0.3049	1.0000	-0.4174	0.3065
	价值	-0.0170	-0.2996	1.0000	-0.1676	-0.1283	-0.4174	1.0000	-0.1723
	反转	0.1020	0.3127	-0.1676	1.0000	0.1037	0.3065	-0.1723	1.0000

从表6.13中可以看出，所有分组中规模和反转因子的相关性较强，不利于多元化因子投资组合的构建；在市值加权的条件下，总体上市场和规模的相关性较强，不利于多元化因子投资组合的构建；总体上价值和规模的负相关性较强，有利于多元化因子投资组合的构建。

首先不考虑市场因子的影响，采用规模、价值和反转因子的多空模拟组合构造等权投资组合，所得多元化因子投资组合与中证800指数的周收益净值曲线如图6.17所示，多元化因子投资组合业绩表现如表6.14所示，多元化因子投资组合收益率与基准指数收益率回归结果如表6.15所示。

资产定价模型与因子投资研究

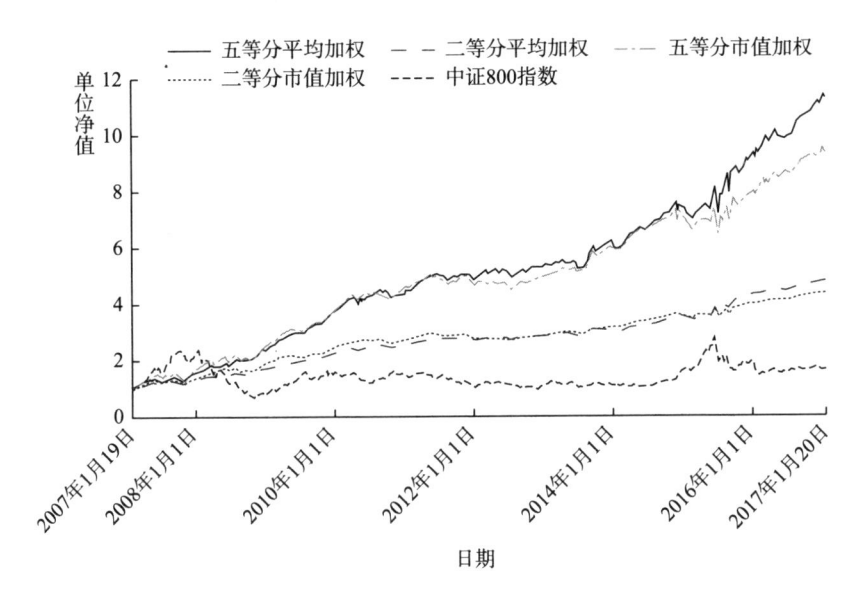

图 6.17 多元化因子投资组合与中证 800 指数的周收益净值曲线

表 6.14 多元化因子投资组合业绩表现

指标	五等分组 平均加权	五等分组 市值加权	二等分组 平均加权	二等分组 市值加权
年化收益率	25.36%	16.26%	23.78%	15.50%
夏普比率	2.2061	2.3294	1.7085	1.5260
最大回撤率	11.36%	5.81%	18.69%	13.30%

表 6.15 多元化因子投资组合收益率与基准指数收益率回归结果

	五等分组 平均加权	五等分组 市值加权	二等分组 平均加权	二等分组 市值加权
截距项	**0.0047** (6.8446)	**0.0030** (7.2383)	**0.0044** (5.2570)	**0.0028** (4.6672)
β_{Mkt}	**0.0824** (4.9030)	**0.0497** (4.8688)	**0.1122** (5.5498)	**0.0748** (5.0469)
调整后的拟合优度	0.0432	0.0426	0.0552	0.0458
MSE	0.0002	0.0001	0.0004	0.0002

注：括号内为对应系数的 t 统计量；黑体表示在 95% 置信水平下显著。

从图 6.17 中可以看出，总体上平均加权组合收益较高，五等分组平均加权组合十年产生了十倍以上的惊人收益，尽管经历了两次市场大跌的情况，四条曲线的走势总体上仍然比较平稳；表 6.14 给出的多元化因子投资组合业绩表现也支持了图 6.17 的情况，四个组合的夏普比率都超过了 1.5，五等分组两个组合的夏普比率甚至超过了 2.0；表 6.15 的回归结果也表明了四种零成本投资组合在长期能够获得显著的正阿尔法收益，而且与市场因子的相关度很低，受市场波动影响不大，调整后的拟合优度很低也说明了这一点。

6.6　本章小结

本章研究了我国证券市场中存在的规模、价值和动量（反转）等异象，并通过多空模拟组合的形式构造相应的因子投资策略，利用净值曲线图、投资策略绩效指标和各因子投资组合与市场因子的回归结果等进行了细致的分析和对比，发现我国股票市场可以通过因子投资组合获得良好的收益。

尽管本研究采用的只是中证 800 指数及其成分股，并不能完全代表我国证券市场中近 3000 只股票的情况，但是这种近似的方法带来的好处有很多：首先，中证 800 指数成分股是由沪深 300 指数和中证 500 指数成分股构成，它们都有对应可以交易的指数期货合约 IF 和 IC，这就可以构造出目标零成本投资组合；其次，中证 800 指数成分股的流动性较好，可以容纳较大量的资金，并且受到涨跌停板的影响较小；最后，我国股票发行在真正实现注册发行制度之前会在很长一段时间内存在新股效应，样本中存在大量的新股和次新股会对基础因子产生的异象造成扭曲，采用中证 800 指数成分股作为样本可以消除这种扭曲。

第7章
结论与展望

本书的主要研究对象包含证券市场中存在的各种系统性风险因子、基于多种因子的资产定价模型，以及利用不同因子构造的投资组合。本研究从关注因子在不同时间尺度上的有效性开始，利用新颖的动态模型平均方法验证了系统性风险因子的有效性以及不同投资组合对于风险因子的敞口存在的动态变化，这一发现说明多因子资产定价模型仅仅可以用来解释投资组合的历史收益来源，而对于投资组合的未来收益并不具有预测能力。因此，实践领域中通过历史数据构造因子进行打分选股的方法并不具有盈利的能力，真正的盈利来源于市场、规模、价值等系统性风险因子，某些打分选股策略之所以能够产生投资收益，是因为这些策略选出的股票包含上述能够盈利的系统性风险因子。在以上结论的基础上，本书接下来对我国证券市场上存在的多种系统性风险因子进行了实证研究，首先研究了除市场因子之外的规模、价值和动量（反转）因子，又进一步从股票市场对动量因子进行了研究。

7.1 主要结论

本书的研究结论如下。

第一，利用美国股票市场数据进行的 CAPM、FF3 和 FF5 模型多时间尺度分析和对比发现：这三种因子模型在本研究的所有时间尺度上都

第7章 结论与展望

不能完全解释 18 种不同投资组合的超额收益；全部回归结果中只有市场因子系数始终显著，说明其他因子都只对特定投资组合在某些时间尺度上的超额收益存在解释能力；三种因子模型对投资组合超额收益的解释能力随着时间尺度的增加而增强，并且 CAPM、FF3 和 FF5 模型的解释能力也是逐步增强的，FF5 模型对于投资组合超额收益的解释能力优于前两者。从整体的研究结果来看，因子对于收益的解释能力（显著性）不是长期不变的，投资组合对于风险因子的敞口也不是常数。

第二，多时间尺度分析虽然能够同时在不同周期上对数据进行分析，但是这种分析是静态的，只能进行某一个样本空间内不同周期间的对比，为了进一步验证因子有效性会随时间动态变化，引入动态模型平均方法进行进一步分析。通过绘制五种因子后验概率和因子系数的变化曲线，本书发现对于不同的投资组合，有效因子的个数、每种因子在最优预测模型中出现的后验概率以及投资组合收益对于每种风险因子的敞口都是动态变化的。因此，多因子资产定价模型仅仅可以用来解释投资组合的历史收益来源，而对于投资组合的未来收益并不具有预测能力。真正在投资实践中获得收益的是系统性风险因子，而不是过度拟合出来所谓的阿尔法因子。

第三，我国股票市场长期的反转效应强于动量效应。具有投资价值的反转和动量效应只出现在周频率上，利用单周收益率构造的相对强度组合在第 1 周和第 5 周出现显著的反转效应，第 2 周出现显著的动量效应。动量效应和反转效应两者是同时存在、相互制衡的整体，不能割裂看待。动量效应持续增强时，反转效应就会减弱，越来越多的股票呈现单边趋势，市场从熊市逐渐转为牛市；在牛市后期股票累积涨幅达到一定程度后，获利投资者纷纷卖出涨幅高的股票，反转效应逐渐增强，动量效应减弱，市场从牛市转为熊市；市场进入熊市初期，会出现整体大跌，受我国股票市场涨跌停板制度的限制，两种策略都无法获得正收益。

第四，对我国股票市场中的重要指数——中证 800 指数及其成分股进行因子投资的研究发现，我国股票市场中的规模、价值和动量（反转）因子具有相当高的投资价值。利用这三种因子分别构造分组投资组合和因子投资组合，并与同期所有开放式基金进行对比发现，本书提出的基于中证 800 指数的因子投资策略的收益要远高于任何开放式基金。这种现象折射出我国公募基金中基金经理投资能力（包括择时能力和信息处理能力）不足的问题。

7.2 存在的不足

尽管本书对中美两国的证券市场进行了大量的实证研究，但仍然存在一些缺陷。

首先，在进行因子模型多时间尺度分析时只是延续前人的研究方法，利用 LA8 进行小波叠加和变换，而且采用的数据是 French 教授整理的美国月数据，尚未对我国股票市场的数据进行研究。

其次，在进行动态模型平均分析的时候，由于受到计算能力的限制，本书仅考虑了 FF5 模型对下一期的预测，没有进行跨多期的分析。另外，本书考虑扰动的形式也比较简单。

最后，在进行因子投资实证的过程中为了让研究结果更富实践可能，仅用中证 800 指数的成分股进行研究，可以进一步扩展到所有 A 股或者包含债券、期货、期权等其他合约的情况。

7.3 启示与展望

本书通过对各种系统性风险因子、多因子资产定价模型的实证检验，以及对我国证券市场因子的研究，总结以下五点启示。

第一，资产收益与风险之间存在明确但不具体的关系，承担了风险的资产才能获得溢价，但是溢价的总量有多少无法确定。风险不仅是指市场的波动，也暗含其他系统性风险因子的波动，对于系统性风险因子的研究将会是贯穿金融研究领域的主线。

第二，规模、价值和动量都是系统性风险因子。传统观念认为规模、价值和动量都是证券自身的特性，不能被看作风险因子。但是，近年来的研究表明，利用这些特性构造出的因子模拟投资组合同样存在类似与市场因子的波动，而且因子模拟投资组合与市场因子的相关度很低，因此，可以认为这些因子模拟投资组合就是相对于不同特性的系统性风险因子。

第三，多因子模型的多时间尺度和动态模型平均分析的结果说明因子模型只能解释历史收益的来源，而无法进行未来收益的预测。这个结论看似简单，实际上却否定了目前实践领域中普遍采用因子历史表现打分的选股方式。根据本书的分析可知，打分的选股策略不具备获取长期稳定收益的能力，这种策略只是在选股的过程中纳入系统性风险因子，进而通过这些系统性风险因子获得短期的收益。

第四，本书中仅仅研究了规模、价值和动量三种因子在我国证券市场中的表现，而对于波动率、投资水平、盈利能力等的研究并没有展示，这是因为这些因子虽然存在一些效应，但是它们可以用规模、价值等因子代替。目前我国证券市场中除了市场因子之外效应比较明显的只有这三种因子（动量和反转因子可以互换）。

第五，本书提出的多个因子模拟投资组合是在实践中可以执行的，尽管目前我国的股指期货还存在一些限制措施，但是对于申请了套期保值资格的公募基金来说，构造书中的零成本投资组合并不是难事。因此，这些投资策略还具有一定的实践意义。

接下来的研究将会重点关注以下四个方面。

第一，系统性风险因子的进一步研究。异象的研究是近30年金融领域的热点之一，而不同的异象实际上是由系统性风险因子带来的，例如波动率异象实际上可以由规模因子来描述。因此，系统性风险因子的进一步归纳和研究将是下一个阶段的重点。

第二，新的系统性风险因子与现有多因子模型的更新。

第三，书中动态模型平均方法中采用了简单的状态方程形式，将来可能会考虑将更复杂的扰动和量测误差纳入该方程并进行研究。

第四，不同风险因子之间出现风险的时间周期大不相同，如何利用风险因子的这些特性也是研究的重点。例如，规模因子最大的风险出现在牛市的初期，那么是否可以用规模因子的变化进行市场状态的预测，如何进行预测。

参考文献

陈浪南、屈文洲：《资本资产定价模型的实证研究》，《经济研究》2000年第4期。

陈小悦、孙爱军：《CAPM 在中国股市的有效性检验》，《北京大学学报》（哲学社会科学版）2000年第4期。

陈信元、张田余、陈冬华：《预期股票收益的横截面多因素分析：来自中国证券市场的经验证据》，《金融研究》2001年第6期。

邓长荣、马永开：《三因素模型在中国证券市场的实证研究》，《管理学报》2005年第5期。

贾权、陈章武：《中国股市有效性的实证分析》，《金融研究》2003年第7期。

靳云汇、刘霖：《中国股票市场的双因子定价模型》，《经济科学》2001年第5期。

林清泉、荣琪：《时变贝塔资本资产定价模型实证研究》，《经济理论与经济管理》2008年第12期。

鲁臻、邹恒甫：《中国股市的惯性与反转效应研究》，《经济研究》2007年第9期。

潘莉、徐建国：《A股个股回报率的惯性与反转》，《金融研究》2011年第1期。

潘莉、徐建国：《A股市场的风险与特征因子》，《金融研究》2011年第

10 期。

史永东、何海江、沈德华:《中国股市有效性动态变化的实证研究》,《系统工程理论与实践》2002 年第 12 期。

田利辉、王冠英:《我国股票定价五因素模型:交易量如何影响股票收益率?》,《南开经济研究》2014 年第 2 期。

汪炜、周宇:《中国股市"规模效应"和"时间效应"的实证分析——以上海股票市场为例》,《经济研究》2002 年第 10 期。

王永宏、赵学军:《中国股市"惯性策略"和"反转策略"的实证分析》,《证券市场导报》2001 年第 6 期。

肖军、徐信忠:《中国股市价值反转投资策略有效性实证研究》,《经济研究》2004 年第 3 期。

徐信忠、郑纯毅:《中国股票市场动量效应成因分析》,《经济科学》2006 年第 1 期。

张强、杨淑娥:《中国股市规模效应及成因研究》,《当代财经》2007 年第 8 期。

周琳杰:《中国股票市场动量策略赢利性研究》,《世界经济》2002 年第 8 期。

周琳杰:《中国股市的规模效应问题》,《经济管理》2002 年第 10 期。

朱宝宪、何治国:《β 值和帐面/市值比与股票收益关系的实证研究》,《金融研究》2002 年第 4 期。

Ang, A., A. Maddaloni. Do Demographic Changes Affect Risk Premiums? Evidence from International Data. *Journal of Business*, 2005, 78: 341 - 379.

Ang, A., D. Kristensen. Testing Conditional Factor Models. *Journal of Financial Economics*, 2012, 106: 132 - 156.

Ang, A., G. Bekaert. Stock Return Predictability: Is It There?. *Review of Financial Studies*, 2007, 20: 651 - 707.

参考文献

Ang, A. , J. Chen. CAPM over the Long Run: 1926 – 2001. *Journal of Empirical Finance*, 2007, 14 (1): 1 – 40.

Ang, A. , W. Goetzmann, and S. Schaefer. Efficient Market Theory and Evidence: Implications for Active Management. *Foundations and Trends*, 2011, 5: 157 – 242.

Ang, A. *Asset Management: A Systematic Approach to Factor Investing*. Oxford University Press, 2014.

Asness, C. , J. Liew, and R. Stevens. Parallels between the Cross-sectional Predictability of Stock and Country Returns. *The Journal of Portfolio Management*, 1997, 23: 79 – 87.

Asness, C. , R. Israelov, and J. Liew. International Diversification Works (Eventually). *Financial Analysts Journal*, 2011, 67: 24 – 38.

Asness, C. , T. Moskowitz, and L. Pedersen. Value and Momentum Everywhere. *The Journal of Finance*, 2013, 68: 929 – 985.

Asness, C. Variables That Explain Stock Returns. Ph. D. Dissertation. University of Chicago, 1994.

Bansal, R. , R. Dittmar, and C. Lundblad. Consumption, Dividends, and the Cross-section of Equity Returns. *Journal of Finance*, 2006, 60: 1639 – 1672.

Banz, R. The Relationship between Return and Market Value of Common Stocks. *Journal of Financial Economics*, 1981, 9: 3 – 18.

Barber, B. , J. Lyon. Firm Size, Book-to-Market Ratio, and Security Returns: A Holdout Sample of Financial Firms. *The Journal of Finance*, 1997, 52 (2): 875 – 883.

Barberis, N. , A. Shleifer, R. Vishny. A Model of Investor Sentiment 1. *Journal of Financial Economics*, 1998, 49 (3): 307 – 343.

Barberis, N. , M. Huang. Mental Accounting, Loss Aversion, and Individual

Stock Returns. *The Journal of Finance*, 2001, 56 (4): 1247 – 1292.

Basu, S. The Investment Performance of Common Stocks in Relation to Their Price to Earnings Ratios: A Test of the Efficient Market Hypothesis. *Journal of Finance*, 1977, 32: 663 – 682.

Bender, J., P. Hammond, and W. Mok. Can Alpha Be Captured by Risk Premia?. *The Journal of Portfolio Management*, 2014, 40 (2): 18 – 29.

Bender, J., R. Briand, F. Nielsen, and D. Stefek. Portfolio of Risk Premia: A New Approach to Diversification. *The Journal of Portfolio Management*, 2010, Winter Issue: 17 – 25.

Bhandari, L. Debt/Equity Ratio and Expected Common Returns: Empirical and Evidence. *Journal of Finance*, 1988, 43: 507 – 528.

Bhojraj, S., B. Swaminathan. Macromomentum: Returns Predictability in International Equity Indices. *Journal of Business*, 2006, 79 (1): 429 – 451.

Black, F. Beta and Return. *The Journal of Portfolio Management*, 1993, 20 (1): 8 – 18.

Bollerslev, T., R. Engle, J. Wooldridge. A Capital Asset Pricing Model with Time-Varying Covariances. *Journal of Political Economy*, 1988, 96 (1): 116 – 131.

Carhart, M. On Persistence in Mutual Fund Performance. *The Journal of Finance*, 1997, 52 (1): 57 – 82.

Chakrabarty, A., A. De, A. Gunasekaran, et al. Investment Horizon Heterogeneity and Wavelet: Overview and Further Research Directions. *Physica A: Statistical Mechanics & Its Applications*, 2015, 429: 45 – 61.

Conrad, J., G. Kaul. An Anatomy of Trading Strategies. *Review of Financial Studies*, 1998, 11 (3): 489 – 519.

参考文献

Daniel, K., R. Jagannathan, and S. Kim. Tail Risk in Momentum Strategy Returns. Working Paper, 2012.

DeBondt, W., R. Thaler. Does the Stock Market Overreact. *Journal of Finance*, 1985, 40: 793 - 805.

DeLong, J., A. Shleifer, L. Summers, and R. Waldmann. Positive Feedback Investment Strategies and Destabilizing Rational Speculation. *Journal of Finance*, 1990, 45: 379 - 395.

Engle, F. Autoregressive Conditional Heteroscedasticity with Estimates of the Variance of United Kingdom Inflation. *Econometrica*, 1982, 50 (4): 987 - 1007.

Erb, C., C. Harvey, and T. Viskanta. Demographics and International Investments. *Financial Analysts Journal*, 1997, 53: 14 - 28.

Erb, C., C. Harvey. The Strategic and Tactical Value of Commodity Futures. *Financial Analysts Journal*, 2006, 62: 69 - 97.

Fagin, S. Recursive Linear Regression Theory, Optimal Filter Theory, and Error Analyses of Optimal Systems. IEEE International Convention Record, Part 1, 1964.

Fama, E., J. MacBeth. Risk, Return, and Equilibrium: Empirical Tests. *Journal of Political Economy*, 1973, 81: 607 - 636.

Fama, E., K. French. A Five-Factor Asset Pricing Model. *Journal of Financial Economics*, 2014, 116: 1 - 22.

Fama, E., K. French. Common Risk Factors in the Returns on Stocks and Bonds. *Journal of Financial Economics*, 1993, 33: 3 - 56.

Fama, E., K. French. Disappearing Dividends: Changing Firm Characteristics or Lower Propensity to Pay?. *Journal of Financial Economics*, 2001, 60: 3 - 43.

Fama, E., K. French. Luck Versus Skill in the Cross Section of Mutual Fund

Returns. *Journal of Finance*, 2010, 65: 1915 – 1947.

Fama, E., K. French. Multifactor Explanations of Asset Pricing Anomalies. *Journal of Finance*, 1996, 51: 55 – 84.

Fama, E., K. French. Size, Value, and Momentum in International Stock Returns. *Journal of Financial Economics*, 2012, 105: 457 – 472.

Fama, E., K. French. The Cross-section of Expected Stock Returns. *Journal of Finance*, 1992, 47: 427 – 465.

Fama, E. Efficient Capital Markets: A Review of Theory and Empirical Work. *Journal of Finance*, 1970, 25: 383 – 417.

Gencay, R., F. Selcuk, and B. Whitcher. *An Introduction to Wavelets and Other Filtering Methods in Finance and Economics*. Academic Press, San Diego, 2001.

Gencay, R., F. Selcuk, and B. Whitcher. Multiscale Systematic Risk. *Journal of International Money & Finance*, 2005, 24 (1): 55 – 70.

Gencay, R., F. Selcuk, and B. Whitcher. Systematic Risk and Time Scales. *Quantitative Finance*, 2003, 3: 108 – 160.

Gibbons, M., S. Ross, and J. Shanken. A Test of the Officiency of a Given Portfolio. *Econometrica*, 1989, 57 (5): 1121 – 1152.

Giovannini, A., P. Jorion. The Time Variation of Risk and Return in the Foreign Exchange and Stock Markets. *The Journal of Finance*, 1989, 44 (2): 307 – 325.

Goetzmann, W., R. Grinold, R. Kahn. Active Portfolio Management. *Journal of Finance*, 2000, 7 (51).

Grinold, R., R. Kahn. *Active Portfolio Management: A Quantative Approach for Producing Superior Returns and Selecting Superior Money Managers*. McGraw-Hill, New York, 1999.

Grossman, A., J. Morlet. Decompositions of Hard Functions into Square Integrable Wavelets of Constant Shape. *SIAM Journal on Mathematical Analysis*, 1984, 15 (4): 723-736.

Hamilton, J. A New Approach to the Economic Analysis of Nonstationary Time Series and the Business Cycle. *Econometrica*, 1989, 57.

Handa, P., S. Kothari, and C. Wasley. Sensitivity of Multivariate Tests of the Capital Asset Pricing to the Return Interval Measurement. *Journal of Finance*, 1993, 48: 15-43.

Handa, P., S. Kothari, and C. Wasley. The Relation between the Return Interval and Betas: Implications for the Size Effect. *Journal of Financial Economics*, 1989, 23: 79-100.

Hannan, E., A. McDougall, D. Poskitt. Recursive Estimation of Autoregressions. *Journal of the Royal Statistical Society: Series B*, 1989, 51.

Hong, H., J. Stein. A Unified Theory of Underreaction, Momentum Trading, and Overreaction in Asset Markets. *Journal of Finance*, 1999, 54 (6): 2143-2184.

In, F., and S. Kim. The Hedge Ratio and the Empirical Relationship between the Stock and Futures Markets: A New Approach Using Wavelet Analysis. *Journal of Business*, 2006, 79: 799-820.

In, F., S. Kim, and R. Faff. Explaining Mispricing with Fama-French Factors: New Evidence from the Multiscaling Approach. *Applied Financial Economics*, 2010, 20 (4): 323-330.

Jazwinsky, A. *Stochastic Processes and Filtering Theory*. New York: Academic Press, 1970.

Jegadeesh, N., S. Titman. Profitability of Momentum Strategies: An Evaluation of Alternative Explanations. *The Journal of Finance*, 2001, 56 (2): 699-720.

Jegadeesh, N., S. Titman. Returns to Buying Winners and Selling Losers:

Implications for Stock Market Efficiency. *Journal of Finance*, 1993, 48: 65 – 91.

Jensen, M., F. Black, M. Scholes. The Capital Asset Pricing Model: Some Empirical Tests. *Social Science Electronic Publishing*, 1972, 94 (8): 4229 – 4232.

Jensen, M. An Alternative Maximum Likelihood Estimator of Long – memory Processes Using Compactly Supported Wavelets. *Journal of Economic Dynamics and Control*, 2000, 24: 361 – 387.

Jensen, M. The Performance of Mutual Funds in the Period 1945 – 1964. *Journal of Finance*, 1968, 23 (2): 389 – 416.

Jensen, M. Using Wavelets to Obtain a Consistent Ordinary Least Squares Estimator of the Long-memory Parameter. *Journal of Forecasting*, 1999, 18 (1): 17 – 32.

Jermann, J. Asset Pricing in Production Economies. *Journal of Monetary Economics*, 1988, 41: 257 – 275.

Kaltenbrunner, G., L. Lochstoer. Long-run Risk through Consumption Smoothing. *Review of Financial Studies*, 2010, 23: 3190 – 3224.

Koop, G., D. Korobilis. Forecasting Inflation Using Dynamic Model Averaging. *Social Science Electronic Publishing*, 2009, 53.

Kothari, S., J. Shanken, R. Sloan. Another Look at the Cross-section of Expected Stock Returns. *The Journal of Finance*, 1995, 50 (1): 185 – 224.

Kydland, F., E. Prescott. Rules Rather Than Discretion: The Inconsistency of Optimal Plans. *Journal of Political Economy*, 1977, 85: 473 – 492.

Kydland, F., E. Prescott. Time to Build and Aggregate Fluctuations. *Econometrica*, 1982, 50: 1345 – 1370.

Lakonishok, J., A. Schleifer, and R. Vishny. Contrarian Investment, Extrapolation, and Risk. *Journal of Finance*, 1994, 49: 1541 – 1578.

Levhari, D., H. Levy. The Capital Asset Pricing Model and the Investment Horizon. *Review of Economics and Statistics*, 1977, 59.

Lewis, J., C. Burrus. Approximate Continuous Wavelet Transform with an Application to Noise Reduction. IEEE International Conference on Acoustics, Speech and Signal Processing. IEEE Xplore, 1998, 3: 1533 – 1536.

Lintner, J. Security Prices, Risk and Maximal Gains from Diversification. *The Journal of Finance*, 1965, 20 (4): 743 – 744.

Liu, L., L. Zhang. Momentum Profits, Factor Pricing, and Macroeconomic Risk. *Review of Financial Studies*, 2008, 21: 2417 – 2448.

Mallat, S. *Multiresolution Representations and Wavelets*. University of Pennsylvania, 1988.

Markowitz, H. Portfolio Selection. *The Journal of Finance*, 1952, 7 (1): 77 – 91.

Merton, R. A Simple Model of Capital Market Equilibrium with Incomplete Information. *The Journal of Finance*, 1987, 42: 483 – 510.

Miller, M., M. Scholes. Rates of Return in Relation to Risk: A Re – examination of Some Recent Findings, in M. Jensen, ed., *Studies in Theory of Capital Markets*. Praeger, New York. 1972.

Moskowitz, T., M. Grinblatt. Do Industries Explain Momentum?. *The Journal of Finance*, 1999, 54: 1249 – 1290.

Percival, D., A. Walden. *Wavelet Methods for Time Series Analysis*. Cambridge University Press, Cambridge, 2000.

Raftery, A., M. Karny, P. Ettler. Online Prediction under Model Uncertainty Via Dynamic Model Averaging: Application to a Cold Rolling Mill. *Technometrics*, 2010, 52.

Ramsey, J., and Z. Zhang. The Analysis of Foreign Exchange Data Using

Waveform Dictionaries. *Empirical Finance*, 1995, 4: 341 –372.

Reinganum, J. Market Structure and the Diffusion of New Technology. *Bell Journal of Economics*, 1981, 12 (2): 618 –624.

Ross, S. The Arbitrage Theory of Capital Asset Pricing. *Journal of Economic Theory*, 1976, 13: 341 –360.

Rouwenhorst, K. International Momentum Strategies. *The Journal of Finance*, 1998, 53 (1): 267 –284.

Rouwenhorst, K. Local Return Factors and Turnover in Emerging Stock Markets. *The Journal of Finance*, 1999, 54 (4): 1439 –1464.

Sharpe, W. Asset Allocation: Management Style and Performance Measurement. *The Journal of Portfolio Management*, 1992, 18 (2): 7 –19.

Sharpe, W. Capital Asset Prices: A Theory of Market Equilibrium under Conditions of Risk. *The Journal of Finance*, 1964, 19 (3): 425 –442.

Shefrin, H., M. Statman. Making Sense of Beta, Size and Book-to-Market. *The Journal of Portfolio Management*, 1994, 21 (2): 26 –34.

Shiller, R., J. Campbell. Interpreting Cointegrated Models. *Journal of Economic Dynamics & Control*, 1988, 12 (2 –3): 505 –522.

Shiller, R. The Use of Volatility Measures in Assessing Market Efficiency. *The Journal of Finance*, 1981, 36 (2): 291 –304.

Shleifer, A., R. Vishny. The Limits of Arbitrage. *The Journal of Finance*, 1997, 52 (1): 35 –55.

Smets, F., R. Wouters. Shocks and Frictions in US Business Cycles: A Bayesian Dynamic Stochastic General Equilibrium Approach. *American Economic Review*, 2007, 97: 586 –606.

Smith, R., J. Miller. A Non-Gaussian State Space Model and Application to Prediction of Records. *Journal of the Royal Statistical Society*, Series B, 1986, 48.

Stattman, D. Book Values and Expected Stock Returns. *Practical Financial Modelling*, 1980: 259 – 261.

Tkacz, G. Estimating the Fractional Order of Integration of Interest Rates Using a Wavelet OLS Estimator. Working Papers, 2000, 5 (1): 1068.

Treynor, J. *Toward a Theory of Market Value of Risky Assets*. Treynor on Institutional Investing. John Wiley & Sons, Inc. 1961.

Tversky, A., D. Kahneman. Judgment under Uncertainty: Heuristics and Biases. *Science*, 1974, 185: 1124 – 1131.

Vassalou, M. News Related to Future GDP Growth as a Risk Factor in Equity Returns. *Social Science Electronic Publishing Social*, 2003, 68 (1): 47 – 73.

Vlaar, P., F. Palm. The Message in Weekly Exchange Rates in the European Monetary System: Mean Reversion, Conditional Heteroscedasticity, and Jumps. *Journal of Business & Economic Statistics*, 1993, 11 (3): 351 – 360.

Whitcher, B., M. Jensen. Wavelet Estimation of a Local Long Memory Parameter. *Exploration Geophysics*, 2000, 31 (2): 94 – 103.

Yan, P. *Crowded Trades, Short Covering, and Momentum Crashes*. Social Science Electronic Publishing, 2013.

Zhang, L. The Value Premium. *Journal of Finance*, 2005, 60 (1): 67 – 103.

致　谢

　　回顾攻读博士学位的经历，令我欣喜的是当初选择了正确的道路，找到了愿意终生追求的梦想，并且自信没有浪费一分一秒的时光。

　　感谢我的导师——刘振亚教授。没有老师的鼓励，我不可能在而立之年还有自信从工科转向攻读文科的博士学位；没有老师的指导，我也不可能把自身所学逐渐与经济理论研究融合在一起；没有老师的认可，我更不可能深入接触对冲基金的管理和经营。一路走来，老师对知识的渴求和探索深深地激励着我，他的研究思路和思维方法潜移默化地改变着我。学业之外，老师如慈父般关照我的生活和家庭，他待人宽厚、心胸豁达，令人敬佩！

　　感谢我的妻子在我辞职读博的时间里独自承担了养家糊口的重担，没有她的支持和鼓励我也不可能安心求学；感谢我的父母放弃了闲暇的退休生活来北京帮忙照顾孩子，而立之年还让二老辛苦，实在羞愧；感谢我的女儿，是她的到来将我们全家凝聚在一起，给我的生活带来了无尽的乐趣和希望！我所取得的一切也都是属于他们的！

　　感谢财金学院的各位授课老师和财博2014班的同学们，各位老师精彩的课堂讲解和严谨的治学态度让我领略了经济学的魅力；各位同学在学业和生活上的守望相助让我感受到了家庭的温暖。感谢同门师兄弟姐妹们的帮助和支持，特别是杨武、唐滔、邓磊、孙静、卢尚霖、韩绪原。与诸位一起学习的经历将是我人生中最美好的回忆！

最后还要着重感谢刚过完八十载华诞的母校——中国人民大学,祝福她永葆青春活力,为祖国和人民培养更多社会栋梁之材!

李 博

2017 年 12 月 11 日

于中国人民大学

图书在版编目(CIP)数据

资产定价模型与因子投资研究/李博著. -- 北京：
社会科学文献出版社，2020.5
ISBN 978-7-5201-6621-8

Ⅰ.①资… Ⅱ.①李… Ⅲ.①证券市场-定价模型-
研究-中国 Ⅳ.①F832.51

中国版本图书馆 CIP 数据核字（2020）第 080037 号

资产定价模型与因子投资研究

著　　者／李　博
出 版 人／谢寿光
组稿编辑／祝得彬　张　萍
责任编辑／张　萍
文稿编辑／王红平

出　　版／社会科学文献出版社·当代世界出版分社（010）59367004
　　　　　　地址：北京市北三环中路甲29号院华龙大厦　邮编：100029
　　　　　　网址：www.ssap.com.cn
发　　行／市场营销中心（010）59367081　59367083
印　　装／三河市尚艺印装有限公司

规　　格／开本：787mm×1092mm　1/16
　　　　　　印张：12.25　字数：169千字
版　　次／2020年5月第1版　2020年5月第1次印刷
书　　号／ISBN 978-7-5201-6621-8
定　　价／98.00元

本书如有印装质量问题，请与读者服务中心（010-59367028）联系

▲ 版权所有 翻印必究